数智化赋能中职专业建设实践研究

张 毅 姚 侃 兰杨芳 著

SPM 南方传媒 | 广东人民出版社
·广州·

图书在版编目（CIP）数据

数智化赋能中职专业建设实践研究/张毅，姚侃，兰杨芳著．—广州：广东人民出版社，2023.12

ISBN 978－7－218－17026－8

Ⅰ．①数…　Ⅱ．①张…②姚…③兰…　Ⅲ．①中等专业学校—专业设置—研究　Ⅳ．①G719.2

中国国家版本馆 CIP 数据核字（2023）第 200295 号

SHUZHIHUA FUNENG ZHONGZHI ZHUANYE JIANSHE SHIJIAN YANJIU

数智化赋能中职专业建设实践研究

张　毅　姚　侃　兰杨芳　著

出 版 人：肖风华

责任编辑：赵瑞艳
责任技编：吴彦斌

出版发行：广东人民出版社
地　　址：广州市越秀区大沙头四马路 10 号（邮政编码：510199）
电　　话：（020）85716809（总编室）
传　　真：（020）83289585
网　　址：http://www.gdpph.com
印　　刷：广东虎彩云印刷有限公司
开　　本：787mm×1092mm　1/16
印　　张：15.25　　**字　　数**：200 千
版　　次：2023 年 12 月第 1 版
印　　次：2023 年 12 月第 1 次印刷
定　　价：58.00 元

如发现印装质量问题，影响阅读，请与出版社（020－87712513）**联系调换。**
售书热线：（020）87716172

序　言

XU YAN

在当今全球化和信息化的时代，数字化和智能化技术的发展正在深刻地改变着我们的生活和工作方式。教育领域同样面临着巨大的变革，其中中职教育作为为适应经济和社会发展需求而进行的职业教育，应该在专业建设中充分融入数字化和智能化元素，以满足未来职业市场对高素质技能人才的需求。《数智化赋能中职专业建设实践研究》一书正是在这样的背景下应运而生。本书旨在为中职教育在数字化和智能化时代的发展提供有益的指导和借鉴，通过深入探讨数智化赋能中职专业建设的实践研究，为读者提供一些有价值的思路和方法。

本书共分为八章，从绪论到展望，逻辑清晰，结构严谨。在第一章中，作者对数字化和智能化的概念进行了简要的介绍，并阐述了数字化和智能化技术在教育领域中的应用和价值。接下来，作者通过分析当前中职教育的现状和挑战，指出了中职教育在数字化和智能化时代面临的困境和问题。针对这些问题，本书提出了数智化赋能中职专业建设的实践方案，包括数字化和智能化技术在教育中的应用、数字化和智能化技术如何提高学生的学习效果、如何设计个性化的学习路径和内容等方面。这些实践方案不仅具有可操作性和实用性，而且可以为中职教育在数字化和智能化时代的发展提供有益的借鉴和参考。此外，本书还对数字化和智能化技术在中职教育中的应用进行了深入的分析和探讨，从多个角度出发，探讨了数字化和智能化技术在中职教育中的优势和不足之处。这些分析和探讨不仅有助于读者更好地理解数字化和智能化技术在中职教育中的应用，还可以为读者提供一些有益的思路和方法。总的来说，《数智化赋能中职专业建设实践研究》一书是一本关于数字化和智能化技术在中职教育中应用的实用指南。

通过阅读本书，读者可以深入了解数字化和智能化技术在教育领域中的应用和价值，掌握数智化赋能中职专业建设的实践方案和方法，提高学生的学习效果。同时，本书还提供了丰富的案例和实践经验，为读者提供了有价值的参考和启示。相信这本书将对于那些关注中职教育发展的人们来说具有重要的参考价值。无论你是教育工作者、教育研究者，还是对教育领域感兴趣的读者，都可以从本书中获得有益的启示和指导。通过阅读本书，我们可以更好地理解数字化和智能化技术在教育领域中的应用，探索未来中职教育的创新和发展之路。当然，随着数字化和智能化技术的不断发展，中职教育在实践中也会遇到各种新的问题和挑战。因此，希望本书的读者能够结合自己的实际情况，灵活运用本书所提供的实践方案和方法，不断探索和创新，推动中职教育的数智化发展。

最后，作者要感谢所有参与本书编写和出版的同事们，他们的辛勤工作和付出使得这本书得以顺利出版。同时，也要感谢广大读者的支持和关注，希望这本书能够为你们带来一些启示和帮助。让我们一起努力，共同推动数字化和智能化技术在中职教育中的应用和发展！

作者

2023 年 7 月

目录
CONTENTS

第三章

第四章

第五章

第一章

绪　论

数字化和智能化是当前全球经济和社会发展的趋势，也是未来职业发展的主要方向。中职教育作为为适应经济和社会发展需求而进行的职业教育，应该在专业建设中充分融入数字化和智能化元素，以满足未来职业市场对高素质技能人才的需求。

一、研究背景和意义

2000 年后数字化和智能化是世界各国最重要的技术发展趋势。这两种技术的发展和进步极大地推动了社会中各行各业的产业融合和升级，教育领域同样如是。作为信息技术发展的高级阶段，数字化是指将传统的、物理的信息和服务通过数字技术和网络技术转化为数字形式，以便于存储、传输和处理。智能化，则是指通过人工智能（AI）、大数据等技术，使得机器和系统具有一定的自主学习和决策能力。

（一）研究背景

1. 数字化、智能化的趋势与影响

在全球化、信息技术快速发展的今天，数字化正颠覆性地改变着我们学习、生活和工作的方式。在教育领域，数字化为教学、实训、实践提供了新的可能性，比如在线课程、虚拟仿真、大规模在线开放课程（MOOC）等。这些技术使得教育资源的获取不再受地域限制，提供不受时间限制的学习资源，实现“随时随地学”的理念，提高了教育资源的可接触性和公平性。而人工智能的发展，使机器不仅能进行计算，还能学习、推理、理解语言，甚至创造艺术。在教育视域下，智能化体现为智能教学系统、学习分析评价系统、智能辅导等。智能化不仅能提供个性化的学习体验，还可以通过数据分析，发现学生的学习难点和短板，

帮助教师进行有针对性的教学。例如，智能化的学习环境可以根据学生的学习情况（过程），提供个性化的学习路径和内容。

2. 中职教育的现状与挑战

中职教育作为我国职业教育的重要组成部分，承担着为社会培养技术技能型人才的重要任务。当前中职教育仍面临不少挑战，需要我们积极应对。

首先，职业教育长期存在着被社会弱化、矮化等问题，中职处于与普教衔接的第一线，普职分流的焦虑尤为明显。中职学生与社会之间的认知壁垒严重，容易自我否定，不利于学生的多样化成才。

中职教育的教授方式和内容仍然以传统的讲授为主，缺乏实践和创新。这不但导致学生的学习兴趣不高，也使得他们的实践能力和创新能力得不到有效的培养。教师队伍的数字化素养还有待提高，反映在数字技术应用能力不足：很多中职教师对计算机和网络技术的掌握程度不高，无法熟练使用教育软件和在线教育平台，这严重限制了他们利用数字化技术进行赋能的可能性。缺乏数字化教学设计能力，即使一些教师掌握了基本的计算机操作技能，但他们往往缺乏数字化教学设计的能力。例如，如何有效地将数字化资源融入课堂教学，如何设计互动性强、富有创新性的数字化教学活动，这些都是他们需要进一步提升的。还反映在数字化思维方式缺失：现代社会是一个信息爆炸的社会，如何筛选、评估、利用这些信息，需要具备一定的数字化思维方式。然而，当前的中职教师在这方面的培养不足，往往缺乏对信息的批判性思维。对数字化教育理念的认识不足，需要我们深入理解：数字化教育不仅是一种技术手段，更是一种教育思想和方法。然而，当前的中职教师对这种理念的理解程度和接纳度不高，这无疑影响了他们进行数字化教学的积极性和效果。

在数字化、智能化的趋势下，技术的更新速度极快，但中职专业设置与社会需求脱节，在某些情况下，中职学校的专业设置不能及时跟上社会发展和行业技术的变化，无法满足社会对于特定技能人才的需求。课程内容与实际技术发展脱节，即使是中职学校设置了与社会需求匹配的专业，也可能存在课程内容与实际技术发展脱节的问题。学生技能训练与社会技术发展脱节，由于中职学校的实训条件和设备可能与社会的先进技术和设备存在较大的差距，因此学生在学校接受的技能训练可能无法满足社会的需求。

3. 数字化、智能化技术在中职教育中的应用

随着科技的快速发展，数字化、智能化技术在中职教育中的应用越来越广泛，它们已经在很大程度上改变了教学方法、提升了教学效果，并为解决中职教育中的一些问题提供了可行的方案和路径。

数字化课程资源：借助数字化技术，教师可以制作丰富多彩的课程资源，如动画、视频、微课、图形等，使得教学内容更生动形象，更易于学生理解。同时，这些动画、视频、微课、图形资源可以随时随地进行分享和获取，大大提高了学习的便捷性、联通性和效率。

在线教学平台：随着互联网和信息技术的快速发展，教师和学生可以通过在线教学平台实现远程教学和互动学习。这种平台突破了传统教学的时间和空间限制，使教育变得更加便捷、高效和全球化。同时，这些平台往往提供丰富的教学工具和资源，能够支持多样化、个性化的教学需求。

智能化教学辅助系统：如智能辅导系统、智能评价系统等，能够提供个性化的教学和学习支持。智能辅导系统可以根据学生的学习行为和学习成果，为每个学生提供个性化的学习建议和辅导；智能评价系统则可以自动批改作业和考试，节省教师的时间，同时提供更准确、更公正的评估、统计结果。

虚拟现实和增强现实技术：虚拟现实（VR）和增强现实（AR）技

术也被逐渐应用到中职教育的课堂中，特别是实训课堂。这些技术可以为学生提供更真实、更直观的学习体验，特别是在需要进行实际操作或场景模拟的学习环节。

大数据分析：通过大数据技术，教师和教育管理者可以收集和分析大量的教学和学习数据，了解教学效果、学生学习行为、学习过程等情况，从而为更准确的教学决策和管理决策提供据支撑。

人工智能助教：借助人工智能技术，可以开发出智能助教系统。这些系统可以自动回答学生的问题，提供24小时的学习支持，同时也可以协助教师进行课堂管理和学生跟踪。

数字化、智能化技术为中职教育提供了更多的教学方法和工具，使教学活动更加多元化、个性化和高效。然而，同时也对教师的技能和素养提出了更高的要求，需要教师不断学习和适应这些新的技术和方法。数字化、智能化的发展为中职教育的改革提供了新的思路和工具。与此同时，如何有效地利用这些前沿技术，使其真正地服务于教育教学，还需要我们进一步的研究、探索、实践。

（二）研究意义

数字化、智能化技术可以从多个方面提升中职教育的教育质量，包括丰富和优化教学资源、教学方法提供个性化教学、精细化的学习评估和反馈等。对于提升教育效果，培养适应未来社会的人才具有重要意义。

（1）提升教育质量。随着数字化、智能化技术的应用，中职教育的教学质量有望得到大幅提升。

（2）提高教育公平性。数字化、智能化技术有望缓解教育资源分配不均的问题，提高教育的公平性。

（3）推动教育创新。数字化、智能化技术为教育创新提供了强大的支持，使得教育变得更加高效、便捷和个性化。

（4）培养适应数字化、智能化“生存”的人才。将数字化、智能化技术融入教学中，不仅可以帮助学生掌握专业知识和技能，还可以帮助他们提升数字素养，培养他们的创新思维和问题解决能力，使他们更好地适应未来的社会需求和工作环境。

二、研究目的和内容

（一）研究目的

通过理论研究和实证分析，对数字化、智能化技术在中职专业建设中的应用进行深入探讨和实践，进一步明确其在中职教育中的重要作用和价值。

1. 提升中职教育的质量与效率

数字化、智能化技术有望优化教学过程，改进教学方法，提供更精确的学习评估和反馈，以此提高中职教育的质量与效率。我们需要深入理解这些技术如何推动这一改变，以及应如何在教学实践中合理应用这些技术。

优化教学过程。数字化、智能化技术可以让教学过程变得更为灵活和高效。与大数据、人工智能结合的教学系统可以根据学生的学习进度和理解程度，自动调整教学内容和教学速度，使得教学过程更符合学生的学习需要。同时，数字化技术还可以使教学过程从时间和空间的限制中解脱出来，让学生可以在任何时间、任何地方进行学习，提高了学习的便利性和效率。

改进教学方法。在数字化、智能化等技术支撑下，教师可以使用更为丰富和多样的教学方法，如翻转课堂、在线协作、虚拟实验等，使教学更具互动性和参与感，提高学生的学习兴趣和学习效果。同时，这些新的教学方法也可以帮助教师更好地处理大班额教学的问题，提高教学效率。

提供精确的、多角度的学习评估和反馈。利用大数据和人工智能技术，可以实现对学生学习过程的全面记录，通过数据挖掘和深度分析，提供精确的学习评估和个性化的学习反馈。智能化教学系统可以根据学生的答题情况，自动分析学生的知识掌握情况和学习难点，给出针对性的反馈和建议，帮助学生及时发现和解决学习问题，提高学习效果。

培养学生的自主学习能力。数字化、智能化技术可以提供丰富的学习资源和个性化的学习路径，帮助学生构建自主学习的能力。在线学习平台为学生提供了自主选择课程和内容、按照个人进度进行学习的便利条件，有助于培养学生自主学习和自我管理的能力。

2. 提高教育公平性

教育公平性是衡量一个教育系统公正性的重要指标，主要表现为所有学生不论其社会经济背景、地域位置等，都应享有平等接受优质教育的机会。我们期望通过研究，探寻数字化、智能化技术是如何通过提供更广泛的教育资源和个性化的学习体验，从而帮助提高教育公平性，尤其是在地理位置偏远、教育资源匮乏的地区。

数字化技术使得优质教育资源的联通、分享和传播变得更加便捷。通过互联网，学生可以接触到世界各地的优质教育资源，包括开放课程、在线讲座、电子图书、社交平台、视频网站等。这对于地理位置偏远、教育资源相对匮乏的地区来说，是打破现实条件限制的重要途径。通过智能化技术，我们可以实现对每一个学生的学习进度、学习方式的深度了解，进而为他们提供个性化的学习体验。在传统的教育模式中，学生的评价往往受教师主观因素的影响，而且常常因侧重于学生的知识掌握情况，而忽视了学生的学习过程、学习策略等因素。而数字化、智能化技术可以通过收集和分析学生的学习数据，提供更全面、更客观的学习评价。数字化、智能化技术的应用可以有效降低教育的成本。① 此外，智能化教学系统可以实现自动化的教学管理，减少教师的工作负担，提高教学效率。

3. 推动教育创新

本研究旨在发现和探讨数字化、智能化技术如何推动教育方法和模式的创新，从而推动中职教育的现代化发展。在传统的教学模式下，教学往往是教师一方面的传递和学生一方面的接受，这种方式不仅效率低下，而且往往无法满足学生的个性化需求。而数字化、智能化等前沿技术的应用，可以实现教学方法的创新。比如，混合式教学这种新的教学模式，通过让学生使用数字化技术自主学习，课堂时间用来讨论、解决问题，优化拓展，提高了教学效率，也提高了学生的学习积极性。在传统的教育模式中，教育资源的分配往往以学校为单位，而且受地域、设施等条件限制，无法实现公平有效的分配。而数字化、智能化技术的应用，可以实现教育模式的创新。比如，通过在线教育平台，可以实现优质教育资源的共享，打破地域、时间的限制，提高教育资源的利用效率。在传统的教育模式中，评估方式往往侧重于对学生知识掌握程度的评价，而忽视了学习过程、学习策略等因素。而数字化、智能化技术的应用，可以实现评价方式的创新。通过收集和分析学生的学习数据，可以提供更全面、更精确的学习评估，同时也可以对学生的学习过程、学习策略等进行反馈，协助学生改进学习方式。

4. 培养适应数字化、智能化时代的人才

随着社会的快速发展，未来的职场将需要更多掌握数字化、智能化

---

① 曾瑞芳. 财务智能化背景下技工院校会计人才培养的思考[J]. 时代教育：中旬，2021(6):0205－0206.

技术的人才。本研究将探索如何在中职教育中，利用这些技术培养学生的数字素养和创新能力。数字化和智能化已经深深地渗透到我们的日常生活和工作中，未来的职场对数字化、智能化技术的需求将会更加明显。因此，中职教育作为职业人才的重要培养基地，必须对此进行充分的认识和预备。这不仅要求中职教育在教学内容上进行相应的更新，还需要在教学方法和教学理念上进行创新。

（二）研究内容

数字化、智能化技术在中职教育中的应用现状。这是对现有实践内容的梳理和理解，通过深入研究和分析数字化、智能化技术在中职教育中的应用，可以了解其实际效果，同时发现存在的问题和挑战，为进一步的研究和实践提供基础。

数字化、智能化技术在中职教育中的应用模式。这部分研究主要是对各种成功的应用模式进行总结和提炼，包括教学模式、管理模式、评估模式等，旨在找出有效的、可复制的、适合中职教育的数字化、智能化应用模式。

数字化、智能化技术对中职专业建设的影响。这部分研究主要是探讨数字化、智能化技术如何改变中职专业建设的方式和方向，包括专业设置、课程设计、教学方法等方面。

中职教师的数字化素养提升。中职教师的数字化素养直接决定了数字化、智能化技术在中职教育中的应用效果，因此，需要深入研究如何提升中职教师的数字化素养，包括培训方式、培训内容、激励机制等。

数字化、智能化技术对中职学生能力培养的影响。这部分研究主要是探讨数字化、智能化技术如何影响中职学生的能力培养，包括学生的知识掌握、技能发展、创新能力等。

三、研究方法和框架

理论研究，在初始阶段，我们阅读和评估现有的文献，以理解数字化和智能化赋能的基本理念，以及这些理念在中职专业建设领域的应用和影响。这种理论理解将帮助我们构建研究的理论框架，为后续的实证研究提供基础。我们特别关注那些关于教学改革、评价模式、专业建设等方面的理论，以及它们如何适应数字化和智能化的挑战。

历史研究，我们回顾和研究中职专业建设的历程，了解在数字化和智能化技术影响下，教育模式和教学方法是如何演变的。这种历史视角将帮助我们更好地理解当前的情况，并为未来的发展提供启示。我们关注过去成功和失败的经验，以及这些经验如何为当前的教育改革提供借鉴。

案例分析，我们选择一些具有代表性的数字化和智能化赋能中职专业建设的案例进行深入研究。我们会分析这些案例中数字化和智能化技术是如何应用的，它们如何影响教学效果，以及它们对学生、教师和教育管理者的影响。这些案例研究提供一些具体的实践经验和观察，为我们的研究提供实证支持。

定量研究和定性研究，在数据收集和分析阶段，尽可能结合采用定量和定性的研究方法。定量方法包括问卷调查、统计分析等，可以帮助我们量化数字化和智能化技术的影响。定性方法包括访谈、观察等，可以帮助我们了解数字化和智能化技术的具体应用情况，以及学生、教师和教育管理者对它们的感受和反馈。

基于上述的理论研究、历史研究、案例分析和数据分析，我们对数字化和智能化赋能中职专业建设的未来进行预测和展望。我们关注未来的技术趋势，以及这些趋势如何可能影响中职专业建设的发展。我们也提出一些策略和建议，期望能帮助教育者和决策者更好地应对未来的挑战。

第二章

数字化、智能化赋能的概念与理论

数字化和智能化是信息化时代最重要的两个概念，它们之间有着密切的联系。数字化是信息化的基础，它通过将各种形式的信息转化为数字格式，使得信息可以在全球范围内快速、准确地传输和处理。只有实现了数字化，才能为进一步实现信息的自动化处理，即智能化提供优势。因此，数字化是实现智能化必然的基础和前提。在信息处理的过程中，智能化不仅仅是对信息的处理和传输，更进一步，它是通过使用人工智能和机器学习等先进技术，让机器具有理解、学习、推理和决策等能力。也就是说，智能化是在数字化的基础上，利用人工智能技术，实现对信息的深度处理和应用。智能化可以被视为是数字化的进一步升级、深化、拓展。随着大数据技术的发展，我们已经可以收集和处理海量的数据，这为智能化提供了必要的数据基础。反过来，智能化技术的应用，如数据挖掘和机器学习，又可以帮助我们更好地理解和利用这些数据，从而推动数字化的进一步发展。

数字化和智能化是紧密相关的两个概念，它们之间既有因果关系，又存在着互动关系。数字化为智能化提供了基础，而智能化又推动了数字化的发展。在未来的发展过程中，我们需要同时关注数字化和智能化，才能最大限度地发挥信息化的价值。

一、数字化、智能化赋能的概念和特征

（一）数字化、智能化的定义

作为信息技术发展高级阶段的数字化，也是数字经济的核心驱动力。新一代的数字技术，如物联网、云计算、人工智能等，已经深入到社会经济生活的各个领域，为我们提供了前所未有的便利，同时也在推动各行业的深度变革。

新一代数字技术的发展，特别是云计算、大数据、人工智能等技术的发展，使得数据获取、处理、分析和利用变得更为容易，进而推动了人类生活的数字化变革。这种变革不仅改变了我们的生产、工作方式，也正在改变我们的学习、生活方式。随着数字技术门槛的不断降低，越来越多的企业和个人能够使用这些技术，从而实现生产和生活的数字化。数字化不仅帮助我们提高效率，降低成本，还能为我们创造出前所未有的价值。随着互联网、物联网、云计算等数字基础设施的快速发展，数字化应用正在更广泛、更深入地渗透到社会经济的各个领域。这种广泛深入的应用，不仅推动了社会经济的高质量发展，也给我们的生活带来了极大的便利。

数字化是未来发展的重要趋势，也是推动经济社会发展的重要驱动力。只有抓住数字化的机遇，我们才能在未来的竞争中占得先机。①

狭义的数字化：这种理解主要体现在利用数字技术（如计算机技术、网络技术、数据技术等）对原有的工作流程、业务流程进行数字化改造。它关注的主要是数字技术本身对业务效率的提升，重点在于将非数字的流程和信息转化为数字形式，以此来实现更高效的信息处理和传输。

广义的数字化：这种理解强调的是数字技术对整个组织甚至社会的深层次影响和改造，也就是通常所说的“数字化转型”。这不仅仅是技术的改变，而是涉及业务模式、组织结构、文化价值、人才能力等多个维度的全面变革。它关注的是如何利用数字技术去重新塑造组织的业务价值和竞争优势，实现组织的战略目标。

对于教育领域来说，数字化不仅可以使教育资源和服务的分发更加高效，也可以通过数据和算法，提供更个性化、精准化的教学服务。而

① 鞠帅平. 税收行政效率与税务机构改革研究[D]. 北京：首都经济贸易大学，2009.

从广义上讲，教育的数字化转型将影响到教育的教学模式、评价体系、管理机制等各个方面，对教育的价值创造和社会服务能力产生深远影响。

智能化是一种基于人工智能（AI）技术，对各种系统、过程和任务进行改进和优化的过程。这个概念通常包括机器学习、自动化、决策支持和持续优化等多个方面。

智能化的基础是人工智能，尤其是机器学习、深度学习。通过训练和学习，机器能够自动完成特定任务，如图像识别、自然语言理解等。这种自动化不仅提高了效率，而且可以处理传统方法无法处理的大规模、复杂任务。智能化还可以提供决策支持，通过数据分析和预测模型，AI技术可以为人类提供决策建议，从而帮助人类做出更好、更快的决策。例如，AI可以用于预测市场趋势，或者提供医疗诊断建议。智能化基于反馈和学习，AI系统可以持续改进自己，适应环境的变化，提高自身的性能，也意味着系统和过程可以进行持续自我优化。

在教育领域，智能化可以表现为AI驱动的个性化学习平台，这些平台能根据学生的学习进度和理解能力，提供定制化的学习资源和路径。它也可以是智能辅助的教师工具，比如能自动批改作业、分析学生学习表现的工具等。这些应用有望大幅提升教育的效率和效果，同时为教师和学生提供更多的便利性和可能性。

（二）数字化、智能化赋能

“数字化、智能化赋能”是一个集合了两个重要概念的短语。这两个概念是：数字化（利用数字技术进行数据处理和信息传递）和智能化（利用人工智能技术改进和优化各种系统、过程和任务）。这两个概念在许多方面有所交叉，但是也有着独特的含义和重要性。

数字化赋能是指用数字技术将信息和过程数字化，使得信息更易于存储、处理、传递和分享。这也包括了利用数字技术将实体的业务或过程（如线下教学）数字化，以提高效率，降低成本，实现创新。

在教育领域，数字化赋能具有以下主要形式：

（1）教学资源的数字化。数字化技术使得教学资源如教材、课件、视频等可以进行数字化处理，储存在网络上，学生可以随时随地访问，极大地方便学习。

（2）在线学习平台。在线学习平台是数字化教育的重要载体，它提供了便利的学习资源获取、交流讨论、作业提交、测试评估等功能。

（3）数据驱动的教学管理。数字化技术使得学生的学习行为、进度、效果等可以进行数据化记录，教师和管理者可以根据数据进行精细化管理，如调整教学内容、提供个性化辅导、进行早期干预等。

（4）创新的教学方法。数字化技术还推动了各种创新的教学方法的出现，如反转课堂、混合式学习、游戏化学习等。

（5）教育公平。通过在线教育平台，可以让更多地域、经济条件不同的学生获得优质的数字资源。

智能化赋能可以理解为通过使用人工智能和其他相关的先进技术，为各类课程教学课堂和流程带来智能化改造。这种改造可以极大提高工作效率，提升工作质量，同时降低成本，提供更好的用户体验。

在教育领域，智能化赋能可以表现为以下几种形式：

（1）智能教学。使用 AI 辅助教学，如智能教学助手可以提供个性化的学习建议，自适应学习系统可以根据学生的学习情况自动调整教学内容和速度。

（2）智能评价。AI 可以自动评阅学生的作业和测试，不仅提高了效率，也降低了教师的工作负担。

（3）智能管理。AI 可以对学生的学习行为、学习过程、学习效果进行数据分析，帮助教师和管理者进行决策，如预测学生的学业风险，提供早期干预。

（4）智能辅导。AI 教师可以提供24/7 的在线辅导，对学生的问题进行即时回应，提供跨时空人机融合的学习辅助。

（5）智能内容创建。AI 可以帮助教师创建教学内容，如自动生成课件、题库等。

（三）数字化、智能化赋能的内涵

在职业教育中，数字化和智能化赋能可以通过提供个性化的学习体验、支持在线和远程教育、实现实时评估和反馈，以及应用 VR 和 AR 技术创造沉浸式学习环境等方式，实现教学质量和效率的显著提升。同时，AI 技术还可以用作智能导师，为学生提供即时的学习支持和职业路径规划建议。通过数字化和智能化的手段，职业教育不仅可以提供更多更高质量的学习机会，还可以帮助教育者降低工作负担，提高教学效率。这两种技术的融合与应用，正改变着职业教育的形态，更好地服务于学生和社会的需求。

1. 技术赋能的范式变革过程

作为技术赋能的内驱力和背景，我们有必要先了解数字化转型的理念，从而研究数字化转型与技术赋能之间的相互作用模式和相互依存的逻辑。数字化转型是一种主动求新求变的创新发展过程，通过改变事物的结构形态和运转模式，实现根本性的转变。① 它强调转型主体与环境的适应程度决定了转型的内容和方向。转型涉及事物结构形态、运转模式和标准范式的根本性变革，是由科学技术的不断发展推动的。转型具有主动性、系统性、技术性和互动性等特点。作为技术推动下的范式变革过程，数字化转型将科学技术嵌入其中，成为转型的原动力。通过数字

① 刘理. 论地方本科高校转型发展中的“变”与“不变”[J]. 江汉大学学报（社会科学版），2018,35(05):117－124＋130.

化转型，我们能够适应新的需求和挑战，推动创新发展，实现系统重构和持续进步。

2. 智能过程的数字跃升

数字化转型不仅仅是简单地将现有的模式迁移到数字平台上，更重要的是重新思考和改变组织、企业和个人的工作方式、商业模式和价值创造方式。数字化转型涉及全方位的改变，包括组织架构、流程优化、数据管理、人力资源培养等方面。在数字化转型中，智能化赋能是一种关键的动力和趋势。智能化赋能是指通过人工智能、机器学习、自然语言处理等技术，赋予系统和设备智能化的能力，实现自主学习、自主决策和自主适应。智能化赋能能够带来更高效的生产和服务方式，提升用户体验，促进创新和增长。

数字化转型和智能化赋能相互依存、相互促进。① 数字化转型提供了数据基础和信息流动的平台，为智能化赋能提供了数据来源和支持。而智能化赋能则通过智能算法和技术工具，挖掘和分析大数据，提供更精准的决策支持和个性化的服务。数字化转型和智能化赋能的结合，能够为组织和企业带来更高效、创新和灵活的运营模式，提升竞争力和适应力。

在实践中，数字化转型和智能化赋能需要综合考虑技术、组织和人才等方面的因素。技术方面，需要建设稳定可靠的数字基础设施，应用先进的数字技术和智能算法，确保数据安全和隐私保护。组织方面，需要进行组织架构调整，建立协同合作的工作模式，培养数字化和智能化的人才团队。人才方面，需要加强人才培养和引进，提升数字化和智能化人才的素养和能力。数字化转型和智能化赋能是推动教育在数字时代取得竞争优势和可持续发展的关键因素。通过充分利用数字技术和智能

---

① 刘理．论地方本科高校转型发展中的“变”与“不变”[J]．江汉大学学报(社会科学版)，2018,35(05):117－124＋130.

算法，实现教育改革的优化和创新，能够提升效率、提供个性化的服务，为多方创造更大的价值。同时，数字化转型和智能化赋能也需要在技术、组织和人才等方面进行全面考量和协同推进，以确保转型的顺利进行和可持续发展。

3. 划时代的系统性、深层次教育变革过程

当前，社会各界越来越关注实现教育信息化、数字化、现代化的重要性，然而对于职业教育数字化转型的关注却明显不足，甚至可以说是少之又少。目前，国内外专家学者对职业教育数字化转型的描述主要集中在两个方面：一是将数字化转型视为职业教育改革发展的一种策略、手段或方法。这些专家学者认为，数字化转型需要借助信息与通信技术（ICT）技术和应用等工具，将数字技术融入教学、学习和组织实践的各个环节中。换句话说，他们将数字化转型视为改变事物结构、运作方式和思维模式的一种策略或手段。二是将数字化转型视为职业教育改革发展的一种复杂、系统的过程或模式。在这种视角下，数字化转型涉及职业教育的发展方向、目标任务、价值功能、基础设施、培养方式、管理模式等各个方面。这时的数字化转型已经不再是外部注入的策略或手段，而是职业教育自身变革的内在驱动力，是职业教育事业发展的一部分。综合来看，职业教育数字化转型对于转型层面、数字化层面和教育教学层面都具有重要的价值。我们必须清醒地认识到，在数字化转型的基础上重新审视和解构职业教育改革发展的问题，其内涵和价值已经超越了数字化转型的简单组合。因此，职业教育数字化转型是以数字技术为内在驱动力的持续演进和革命，它整合到职业教育的各个方面，推动职业教育的治理方式、体系结构、运作机制、培养模式和评价标准等发生深刻、系统性的变化，从外部驱动转向内部需求驱动，从关注局部转向整体，从阶段性学习转向支持终身学习，形成适应性、开放性、融合性和可持续性的职业教育发展生态系统，进而促进职业教育高质量发展和加

快实现职业教育现代化。只有这样，职业教育才能具备更强大的发展动力、更高效的运行能力、更优质的培养能力和更具竞争力的服务能力，为全面推进社会数字化转型和深入推进数字中国建设提供有力支持。

二、数字化、智能化赋能的理论基础

在人类文明的长河中，技术的持续创新始终引领着社会的进步，犹如一座磁石，吸引着人类向前迈步。随着科技发展的加速，各个领域都正在发生深刻的变革，其中，教育活动与科技的紧密结合赋予了教育发展丰富多样的新特征，例如“信息化”“数字化”等新的理念和方式。这些变革为教育发展提供了无尽的可能性和广阔的天地。其中，教育数字化以其独特的方式改变了教育的形态。在这里，“化”可以理解为以数字技术促使教育教学发生变化，这种变化主要体现在教育系统中的物和人两个层面的数字化过程中。物的数字化是指教育基础设施和环境的数字化改造升级，这种改造和升级有力地推动了教育资源的优化利用，提高了教育的效率和质量。而人的数字化则涉及教育活动中人的数字意识、思维、素养和能力的转变提升，这种转变和提升在一定程度上激发了人的创新思维和实践能力，为教育的深化发展提供了强大的动力。如今，教育数字化在某种程度上改变了教育的面貌，教育部已经明确要求教育系统进行“教育数字化转型”，特别是在教育领域充满了通过全方位、系统化的数字化转型颠覆传统教育、推动教育系统性革命的声音时，我们不禁要问：数字技术真的能够且有必要全方位应用于教育领域吗？在数字化转型的历史和国际语境中，我们需要探讨教育数字化的根本性、方向性问题：是让数字化赋能教育，还是教育向数字化转型？

在 2000 年初，国内学界开始关注数字化转型，耿小强对国外企业数字化转型经验的总结是国内首次对该概念的关注。之后，学者们主要围绕出版传媒领域的数字化转型进行了一系列的研究。在这些研究中，数字化转型被视为一种策略，即通过运用数字技术手段对传统出版进行产业升级和业务流程再造，推动其向数字出版转型。在这个过程中，数字化转型并非单纯的技术应用，而是涉及业务流程、组织结构、文化价值等多个方面的全面改造，是一种深度的、系统的转型过程。在这一历史阶段，“教育数字化转型”这个概念在我国的教育领域并不常见，最早的记录可以追溯到2014年李琴发表的《融媒时代我国高校新闻教育数字化转型研究》一文。在这篇文章中，作者将数字化转型视为在融合媒体冲击下新闻教育的应对之策。这种转型不仅涉及与网络、信息技术的融合，更涉及教育理念的转型和课程体系的重组。其目的在于改变既有的教育体系，以适应数字化时代的需求，培养出具有数字思维和技能的新闻人才。进一步观察国内的情况，我们发现对于教育数字化转型的呼唤主要集中于教育技术学领域。学者们主张利用信息技术支持教育在育人方式、办学模式、管理体制、保障机制等方面的创新，以促进教育流程的再造、结构的重组和文化的重构。他们希望通过这种方式推动教育体系、生态和实践范式的整体性变革。然而，这种变革并非单纯的技术应用，而是要求我们必须对教育的本质和规律有深入的理解，才能有效地引导数字技术在教育领域的应用。

如果我们将视角扩大到国际范围，我们会发现世界各国政府在推动教育数字化的过程中，也多是聚焦于教育与数字技术的融通，以赋能教育创新发展。例如，美国高等教育信息化协会将其定义为“通过文化、劳动力和技术深入而协调一致的转变，优化和转变机构运营、战略方向和价值主张的过程”①。德国的“数字世界中的教育”战略、俄罗斯的

---

① 张宁宁. 基于数字化音乐环境下的高校视唱练耳教学的实践探究[C]//2020年教育信息化与教育技术创新学术论坛（昆明会场）论文集（上）. 2020.

“数字化教育环境”、意大利的“数字学校”国家计划、澳大利亚的“未来教育战略”、印度的“数字印度”以及英国教育部发布的《教育科技战略：释放技术在教育中的潜力》、欧盟委员会发布的《数字教育行动计划2021—2027》等，这些国家和地区的教育政策都强调了数字技术在教育领域的融合应用、数字基础设施升级换代以及教育教学过程的数字化。

这些政策的实践也反映出这个趋势，例如美国斯坦福大学的“2025计划”、加州大学的“虚拟校园—在线教育计划”和麻省理工学院的“数字＋项目”等，都是通过数字技术与教育教学的融合优化教育教学过程，提升教育教学质量，以适应新阶段质量多样化、培养个性化和学习终身化等新诉求。无论是国内还是国际的实践，无论是作为一种方法、策略还是过程，教育数字化转型都是以技术为载体，以数字技术的持续迭代和创新应用为基础的。它涉及教育理念的重塑、组织架构的重组、内容的重构和模式的创新，是一种全面深入的改革。然而，这种改革并非技术导向的，而是教育需求导向的。我们不能将技术作为教育改革的目的，而应将其视为推动教育改革的手段。作为人制造的工具，技术是具有意向性的人工物，是为特定目的和任务服务的。对于教育领域来说，数字技术只能是教育教学的辅助工具，而不能取代教育的本质！作为手段的教育数字化也不能成为教育改革的目的，教育数字化的目的不在于“教育的技术革命”，而在于改善教育供给，优化教育教学过程和体验，提高教育发展质量。作为培养人的活动，教育的目标应该是提高学生的综合素质，培养学生的创新精神和实践能力，而不是让学生成为技术的掌控者和应用者。① 对于教育领域来说，我们需要的是以教育需求为导向的数字化赋能。

在国家发布的《中华人民共和国国民经济和社会发展第十四个五年

---

① 杜烨．关于小学机器人教育的思考与分析［J］．新课程：小学，2017（12）：1．

规划和2035年远景目标纲要》中，加快数字化发展、建设数字中国被提出。① 其中强调迎接数字时代，推进网络强国建设，加快建设数字经济、数字社会、数字中国，以数字化转型整体驱动生产方式、生活方式和治理方式变革。② 这表明国家对数字化发展的重视，并将其作为推动社会发展的重要战略。

数字化理论基础是指支撑数字化转型和应用的一系列理论概念和原则，包括但不限于：

信息技术（Information Technology）：信息技术是数字化的核心基础，包括计算机科学、通信技术、数据存储与处理技术等。③ 它提供了数字化转型所需的硬件、软件和网络基础设施，并为数据的收集、存储、传输和处理提供支持。

数据化（Datafication）：数据化是指将现实世界中的各种信息和活动转化为数字数据的过程。通过传感器、记录设备和其他数据采集手段，可以将物理世界的各种事件和行为转化为可量化、可记录的数字形式，为后续的数据分析和应用打下基础。

数字化（Digitization）：数字化是将模拟数据或非数字化形式的信息转化为数字格式的过程。通过数字化，原本以纸质、物理形式存在的信息、文档、图像等可以被转化为数字形式，以便于存储、传输和处理。

数字化转型（Digital Transformation）：数字化转型是指组织、企业或社会在商业、组织、运营和服务等方面全面应用数字技术，重塑业务模式、流程和价值创造方式的过程。数字化转型借助信息技术的发展，通

---

① 刘曦泽，王益谊，杜晓燕，等. 标准数字化发展现状及趋势研究[J]. 中国工程科学，2021(023-006). DOI:10.15302/J-SSCAE-2021.06.014.

② 刘曦泽，王益谊，杜晓燕，等. 标准数字化发展现状及趋势研究[J]. 中国工程科学，2021(023-006). DOI:10.15302/J-SSCAE-2021.06.014.

③ 刘曦泽，王益谊，杜晓燕，等. 标准数字化发展现状及趋势研究[J]. 中国工程科学，2021(023-006). DOI:10.15302/J-SSCAE-2021.06.014.

过重新设计和整合业务流程、优化资源配置和创新服务模式，实现效率提升、创新能力增强和客户价值提供的全面提升。

数据驱动（Data - Driven）：数据驱动是指基于数据收集、分析和利用的决策和行动方式。数据驱动的方法依赖于对大量数据进行收集和分析，通过数据挖掘和模式识别等技术，从数据中提取有价值的信息，以指导决策、优化业务和创新发展。

人工智能（Artificial Intelligence）：人工智能是一种模拟人类思维模式、逻辑，从而实现类人行为的技术和方法。它涉及机器学习、自然语言处理、计算机视觉和专家系统等领域，通过模拟人类的认知和决策能力，使计算机系统能够实现自主学习、自动推理和智能决策，提高任务的自动化和智能化水平。

这些理论基础在数字化转型和应用中相互交织、相互影响，为实现数字化的目标和效果提供了理论支持和指导。它们帮助人们理解数字化的本质、原理和影响，并指导实践中的技术选择、数据管理、决策制定和价值创造。

随着我国经济发展从高速增长阶段转向高质量发展阶段，人民群众对优质教育的需求不断提升。为了建设一个以人民为中心的教育强国，满足人民群众对高品质、个性化学习的需求，数智化在教育中发挥着至关重要的作用。信息技术深度融入教育教学过程，能够准确把握每位学习者的个性化特征，并提供定制化的高质量教学支持。在我国这样人口众多的国家，只有充分利用大数据、云计算、人工智能等新兴信息技术，提供数字化、个性化的教育服务支持，才能精准地提升教育质量，助力教师的专业发展和学生的健康成长。此外，基于智能技术的精细化资源配置和科学决策，也是实现“办好人民满意的教育”的关键支撑。因此，加快实施国家教育数字化战略行动，积极推进教育数字化转型，成为我国教育从基本均衡向高位均衡、从教育大国向教育强国发展的必然选择。

教育公平是实现社会公平的重要基础和实现路径。2022 年政府工作报告多次强调，促进教育公平、推进义务教育优质均衡发展成为当务之急。然而，受教育管理体制的限制、经济发展不平衡、区域差异等因素的影响，中西部地区与东部地区之间的教育发展机会和发展空间一直存在着明显的不平衡情况。特别是在当今数字化时代，城乡之间的“数字二元化”依然存在，城乡地区在网络连接、学习环境、数字资源和高素质师资队伍等方面存在着明显的差距。为了填补这一“数字二元化”，促进教育公平，教育数智化成为一种重要的推动力量。一方面，通过数智化手段，可以扩大优质教育资源的覆盖范围，通过推进“三个课堂”等方式，实现教师和学习者在不同时间和空间共享名师优课，显著提高数字资源共享的效率和效果。另一方面，将前沿技术融入教育教学全过程，能够突破时空限制，有效支持学生的自主学习和教师的专业发展。

教育数智化是适应时代发展要求的必然选择。随着科技的快速发展和社会的变革，传统的教育模式和方法面临挑战和改革的压力。数智技术的广泛应用已经改变了人们的生活、工作和学习方式，也对教育产生了深远的影响。在信息爆炸和知识更新迅速的时代，传统的课堂教学往往无法满足学生的需求。教育数智化提供了更加灵活、开放和多样化的学习方式和资源，可以让学生随时随地获取知识，培养自主学习和终身学习的能力。同时，教育数智化也为教师提供了更多的教学工具和资源，帮助他们更好地开展教学工作。教育数智化不仅有助于提高学生的学习效率和质量，还能够培养学生的创新能力和适应未来社会发展的能力。在数智化的学习环境中，学生可以通过创造性地利用技术和资源，解决现实问题，培养创新思维和实践能力。这对于他们未来在数字经济时代的就业和创业具有重要意义。

三、教育数字化（数字技术）隐忧

在数字技术发展日新月异的今天，我们不禁在欢呼其带来的便利之时，也对其在教育领域应用中的种种弊端感到困惑。近年来，我们看到多个国家在数字化、信息化等多个领域制定了一系列战略部署，而人们对教育数字化转型的呼唤也在不断升高。然而，当前教育数字化的实践中出现的问题令人深思：数字技术狂热的追逐和过度的依赖，是否让我们偏离了教育的初心和使命？是否我们过分强调技术的转型，以至于忽视了教育的本质？

在现实中，教育数字化的重心往往过于聚焦于“转型”，表现出一种过于追求技术中心主义的倾向。其表现形式多样，如过分强调硬件而忽视内容的重要性，过分依赖技术而忽视学生的需求，或者过分重视技术装备的即时性作用而忽视其长期效应等。在这种现象下，教育的初心和使命似乎被一些仍在发展中，甚至本身存在诸多缺陷的数字技术所替代。过度依赖数字技术的教育转型，不仅可能陷入“技术崇拜”的悖论，脱离教育发展的实际需要和规律，而且可能造成资源的巨大浪费。这种现象不禁让人反思：教育数字化真的是我们所追求的目标吗？我们应该如何适度使用数字技术，而不是被其所左右？深度融合数字技术与教育的目标应当是为了更好地促进教育和人的发展，而不仅仅是为了转型而转型，或者追求技术的先进性和便捷性。我们需要认识到，一味强调技术的转型，可能会使我们坠入技术主义的陷阱，脱离了教育的本质。只有遵循教育及认知的逻辑和规律，以推进教育和人的发展为根本原则，我们才能真正实现数字技术与教育的有效融合。

技术是人类智慧的产物，它的本质就是人类理念和愿景的体现，是人的理性和创造力的结晶。在数字化的时代洪流中，数字技术被赞誉为具有无与伦比的颠覆性力量，仿佛是带领我们进入新纪元的魔法钥匙。在这个观念的影响下，许多创新性的应用，如智慧作业系统、智能批改技术、书写文字识别等，逐渐渗透到教育实践的每一个角落。人们对于“智慧课堂”和“未来教室”的设想和构建，期望通过数字技术实现教育教学的智能化。然而，在实践中，实际情况往往与理想有差距。我们可以看到，尽管数字技术在教学中得到了广泛的应用，但许多场合依然出现了填鸭式教学的滑稽景象。更糟糕的是，这种被誉为“智慧教育”的方式实际上可能在无形中加剧了应试教育的强度。数字技术在教育中的应用，应当是为了推动教育创新发展，而非仅仅是为了追逐新鲜事物。我们需要认识到，革命性的教育变革并不会仅仅因为数字化的应用而自然发生。研究显示，自 1928 年以来，尽管教育技术有了巨大的进步，但在教育和学习成果上，不同技术手段的影响并没有显著差异（杨浩等，2015）。我们必须理解，技术并非决定教育发展的唯一或至关重要的因素，教育并不是也不应该是一个纯粹的技术系统。数字技术的引入并不只是为了追求教学的便捷，智能设备也不能替代教师和课堂教学的存在。尽管虚拟教育和智慧教育能够作为教学的有益补充，但它们并不能取代实体教育。

对教育来说，仅有技术是远远不够的。① 技术工具只是人类的辅助工具，是用来拓展和增强我们能力的手段。教育的创新发展不能将人的因素排除在教育活动之外。数字化教育并非意味着要抛弃传统，而是要将技术与教育、传统与现代、虚拟与现实等有机地结合起来，处理好它们之间的关系，以便推动教育和其中的人的健全发展。

一直以来，教育的实质被认为是与人密切相关的具身性，它的核心

---

① 余世建，汪俊．杜威德育思想对高校德育工作的启示[J]．佳木斯大学社会科学学报，2018,36(3):3. DOI:CNKI:SUN:JMSD.0.2018-03-027.

优势就在于这一点。即使随着“数字化生存”的深入发展，这一共识并未发生明显改变。然而，现如今许多人对于数字化尚未完全认同，这既源于认知层面的挑战，也来自心理层面的抗拒。同时，随着数字技术在实践中的广泛应用，不少问题逐渐浮出水面。数字技术对人的认知与思考能力、人际交往能力的影响，以及由此引发的焦虑、抑郁等诸多弊端，都加强了人们对数字化的理性认识。而随着数字技术的不断升级和迭代，必须适应并接受新技术的压力也与日俱增。如果不能跟上技术的步伐，就可能被新技术体系淘汰，成为数字时代的“数字难民”，这无疑增加了大众对技术应用的焦虑。此外，由于地区间经济、教育发展水平和数字素养等存在的较大差距，获取数字资源、资源开发与应用能力也存在显著差异，进一步制约了数字化的发展。

技术自身的特性使其成为一把双刃剑，这一点在贝尔纳·斯蒂格勒的技术药理学中得到了警示。他提醒我们：技术既是人类的解药，也可能变成人类的毒药（贝尔纳·斯蒂格勒，1999）。技术并非中立存在，而是充满了特定意向性的人工物。在技术不断升级和迭代的过程中，特定的技术逻辑和价值导向被广泛推广，这在一定程度上构成了对他者的操控。技术的优势在很大程度上取决于其使用方式，如果使用不当，技术就可能带来消极的影响。此外，技术的优势并不能掩盖其固有的不足，只有认识并妥善处理这些不足，技术才能发挥其积极的效应。技术本身具有一种破坏性，这表现为对事物存在的自然状态或自然进程，以及对人类社会既有伦理规则的挑战。虽然这种破坏性并非完全消极，但它需要应用技术的人以及技术作用对象的认同、适应，以及相应规则系统的约束，否则就可能产生阻力和负面效应。对于技术的双重性，我们需要有明确的认识，不可盲目乐观，也不能过于悲观。我们需要正确看待技术的影响，既要充分利用技术的优势，又要防止其潜在的风险，这样才能真正实现技术和人类的和谐共生。

技术作为一个双面存在，我们不能只看到其正面的便利性，而忽视了其背后可能带来的负面效应。尽管技术带来了极大的便利，但也带来了一些新的问题和挑战。如何解决这些问题，如何面对这些挑战，是我们必须认真考虑的问题。我们必须在享受技术带来的便利的同时，充分认识到它可能带来的风险，做到心中有数，防患于未然。同时，我们也要正视技术发展带来的机会，通过科学合理的方式，充分利用这些机会，推动社会的发展。技术是人类的一种工具，应该为人类服务，而不是控制人类。① 只有当我们充分理解和掌握技术，才能真正发挥其积极作用，实现人类和技术的和谐共生。

四、赋能：教育数字化路径

我们主张的教育数字化方向，强调的是赋能。在这种理念下，数字化不仅被视为一个工具，而且是扩充教育资源、提升教育效率，并刺激教育创新的重要途径。然而，将数字技术广泛应用于教育领域的挑战并不仅仅来自技术创新的层面，它涉及更深更广的领域，包括物质层面的资源建设、战略层面的系统规划以及实践层面的整合创新。在物质层面的资源建设方面，这意味着我们需要投入大量的资金和人力资源，以购买和维护这些数字设备，同时还需要有足够的培训资源以确保教师和学生能有效使用这些技术。与此同时，也需要持续投入，来进行技术的更新和迭代，以适应快速变化的教育环境。这不仅需要地方财政投入，也需要得到教育行政部门的支持，并建立起适应数字化教育的物质环境。在战略层面的系统规划上，教育数字化需要一个全面和深入的规划。这

---

① 李合亮．人类基因研究及其技术应用的深层思考[J]．济南大学学报（社会科学版），2001.

不仅包括现有教育政策的制定和实施，也包括对未来教育趋势的预测和规划。战略层面的系统规划是确保教育数字化能够有效推进并产生长期效益的关键。这需要我们理解和充分利用数字技术的潜力，制定出适应未来发展的系统规划，并通过持续的调整和优化，来适应不断变化的教育环境。在实践层面的整合创新上，我们需要找到更有效的方式，将数字技术与教育实践有效地结合起来。这包括了探索和实施更有效的教学方法，更好地利用数字资源，以及创建更具创新性的教学环境。整合创新是一个持续不断的过程，需要我们不断尝试和学习，以适应不断变化的需求和挑战。

（一）强化数字基础设施建设，为赋能优化提供支撑

现阶段，虽然数字化教育的理念已逐渐深入人心，但支撑其发展的基础设施却还远未达到与之相匹配的程度。比如，在不同的区域之间、城乡之间以及学校之间，其数字基础设施的建设都存在显著的差距。这种不均衡的情况，在数字技术与教育活动深度融合的大趋势下，可能会加剧既有的不平等现象，形成新的数字鸿沟，这不仅影响了教育数字化的进程，更影响了其实效。因此，推进教育新型基础设施的建设，不仅有助于让教育创新更广泛地惠及各个群体，也能为教育高质量发展提供更全面的支撑。我们需要在国家层面上进一步推进教育新型基础设施的建设，并推动区域之间的协调发展。目前，无论是在不同区域之间，还是在同一区域内部，教育新基建的进展都呈现出明显的差距。同时，我们也看到了一些重复建设、封闭运行，以及资源共享度不足等问题，这些问题无疑都阻碍了教育数字化的推进，并浪费了有限的资源。为了解决这些问题，我们需要强化两个方面的工作。一是要加强跨部门的协同合作，通过部省联动、区域协调，强化跨界融合和系统规划，以避免因为发展定位和建设路径的差异导致共享阻碍等问题。二是要统筹考虑传

统基建与新基建、存量与增量、线上与线下、校内与校外、软硬件等多方面的融合发展，明确问题导向、需求驱动，以满足教育创新发展的需要。

我们需要推进数字资源供给侧结构性改革，善于筛选，从做加法到做减法，以提高数字资源的供给质量。在数字技术的发展日新月异的今天，我们应该意识到，教育数字化是一个长期的建设过程，这就要求我们在建设教育新型基础设施时，要保持必要的兼容性与开放性，为系统升级和教育创新预留足够的空间。同时，我们也需要拓宽数字资源的深度和广度，让优质资源能够有效地流转起来，满足多样化、差异化的需求。这不仅是适应技术和教育数字化内涵新变化的需要，也是推动教育新基建体系不断完善，培育良好发展生态的需要。

通过有效整合和综合利用各种资源要素，可以形成集聚效应，这是实现数字技术全领域、全流程、全方位赋能的关键。这一点涉及两个方面的融合，一是技术的融合，我们需要把各种不同的技术融合在一起，构建一个技术系统，包括技术应用、数字平台与治理体系等的融合。这一点需要在技术逻辑和教育逻辑之间找到平衡，实现互相适应、互相促进。二是教育系统内部各链条的融合，包括教师的教学、学生的学习、学校与教育主管部门的管理与评价等环节的融合，通过数字技术将这些环节串联起来，完善配套支持体系，实现教育教学的差异化、个性化，以及评价与管理的科学化、精细化。只有如此，我们才能真正意义上实现数字化赋能教育的目标，推动教育教学的高质量发展。

（二）推动数字资源综合利用，赋能教育教学深度变革

教育数字化的潜力和优势在其赋能教育创新的过程中得以显现。然而，目前教育数字化的发展并未能完全发挥其预期效果，其优势也未能充分体现，这与数字资源的利用效率低下密切相关。更具体地说，这主

要表现为教育资源未能有效转化为数字资源，而技术优势也未能有效推动教育教学的深度创新。为了推动这一过程，我们需要从以下三个方面着手。

首先，加强针对创新教育实践的数字能力培训，以提升教师的数字素养。研究表明，教师在教育教学过程中未能有效利用数字技术是导致这项技术无法发挥其潜力的一个重要原因。随着数字技术的不断更新，教育活动正在逐步向与传统模式不同的方向发展，使得教师在教育教学中的角色不断发生变化，从人机协同育人、数字资源的开发与整合，到数字驱动的决策等多方面都需要教师扮演重要角色。因此，通过持续和系统的培训，我们需要提高教师的数字技术应用能力，特别是整合数字思维、技术伦理与教育教学规律，以创新教育过程和改善教育体验。

其次，以协同创新和开放共享为驱动力，以提升组织效率。作为一个系统工程，教育数字化的最大效率可以通过多主体协同创新来实现。实践表明，不同组织之间在数字资源标准、兼容性以及技术偏好等方面的差异，导致了数字资源的获取性差、质量低等问题，而且也阻碍了系统集成和资源共享，限制了应用效率。因此，我们需要完善教育数字化的核心目标和系统集成、开放共享的标准体系，以指导不同组织之间的数字资源实现共建、共享和互联互通。同时，我们也需要完善激励机制，以激发内在的积极性和创新动力——内驱力。

最后，统筹考虑多元目标，兼顾多重指向，以强化整体效应。当前，教育数字化主要面临三大目标：解决公共性教育问题以实现公共目标；满足利益相关者多样化、差异化的教育需求，提供个性化服务；同时，降低数字化过程的成本，提高数字化发展的效益和质量。因此，在追求这些目标的过程中，我们不能只关注单一的成本和收益，而应兼顾目标的实现程度和质量，以强化整体效应，在投入成本与收益、发展质量之间找到平衡。

（三）创新数字生态，优化教育体系

教育数字化开启了教育教学时空的新维度，促使虚拟情境与现实场景的交融互动，实现了教育教学过程的精确调控，同时优化了教育生态的系统布局。然而，这同时带来了一系列风险与挑战，需要我们在理念、组织以及治理体系方面进行同步的变革，以形成适应教育数字化发展的有机生态。

在当前教育环境下，存在两种典型倾向：一种是技术至上主义，这种过分依赖技术的观点可能导致我们陷入技术中心主义的悖论，使得技术强制覆盖人的自主性，使其应用背离了教育的本质规律。另一种是技术怀疑主义，这种对新技术的抵触感可能会阻碍我们适应数字时代的教育体系的发展，剥夺学习者享受数字红利的机会。因此，教育数字化的发展不能完全依赖技术，也不能完全排斥技术，我们需要在深入理解其本质规律的基础上，坚守以促进教育和人的全面发展为核心的原则来推动其发展。这需要我们在应对教育数字化中妥善处理“变”与“不变”的辩证关系，即通过数字技术来变革教育形式、优化教育过程、改善教育体验、提高教育质量，同时也要坚守以人的发展和教育规律为核心的教育原则。只有坚守教育的真谛和明晰变革的方向，才能更好地发挥教育数字化的战略价值。

组织变革既是教育数字化的重要目标，也是推动教育数字化发展的必要手段。在当前的教育实践中，许多教育组织对教育数字化进行的尝试往往是零散、浅表或象征性的，这不仅会导致变革的进程被阻碍，还可能形成路径依赖，带来一系列负面影响。此中有组织文化滞后和数字素养不足的原因，也有缺乏系统性、可行性的组织战略规划和执行能力的问题。教育数字化的内在需求是构建开放互联、多元融合的教育体系，这决定了组织结构需要朝向扁平化、柔性化的方向变革。因此，我们需

要通过组织变革，对其结构、文化、运行机制等进行创新，引导职能和形态的变革。同时，教育组织的特性决定了其在制定战略规划时，需要兼顾数字资源、数字能力与组织转型发展所处的阶段，避免其自身发展需要与外部环境的脱节。

教育数字化的治理主要包括“为教育数字化的治理”和“对教育数字化的治理”两个层面，两者相辅相成，需要统一规划。从当前的实践来看，我们面临的主要问题是缺乏顶层设计、协同治理不足以及制度体系的滞后。针对这些问题，我们需要从以下三个方面进行改革：一是需要从全局的角度出发，进行自上而下的统一规划，形成整体性的行动纲领和实施路径；二是需要在教育高质量和现代化的大背景下，推动多元利益的整合，构建多元主体协同共治的关系；三是需要以数字化思维推动治理方式的变革，强化制度的有效供给，特别是在处理教育数字化中的各种张力矛盾时，如“统一与差异”“控制与自由”“开放与私密”和“效率与人文”等，我们需要通过伦理规范、标准体系和规制机制等的持续创新，以适应教育数字化的动态发展。

五、数字化、智能化赋能的推进

数字化是教育现代化的重要支撑，教育的发展离不开数字化的支持。[①] 党的二十大报告中明确指出推进教育数字化的重要性，强调建设终身学习的学习型社会、学习型大国。这为我们推动教育变革、转型、赋能和创新提供了明确的方向。

① 王富．用最好的装备武装学校支持教育发展——王富在上栗中学建校70周年捐赠仪式上的讲话[J]．中国教育技术装备，2009(29):2. DOI:CNKI:SUN:ZJJB.0.2009-29-091.

随着科技的迅猛发展，互联网、云计算、大数据等现代信息技术正深刻影响着我们的思维、生产、生活和学习方式。如何应对信息技术的发展，推动教育变革和创新，建设学习型社会，并培养大批创新人才，是当前全人类面临的重要任务。① 在“数字中国战略”中，推进教育数字化是实施科教兴国、人才强国和创新驱动发展战略的重要一环。我们必须深刻认识教育数字化的重要意义，并准确把握推进教育数字化的关键要点。

但是，在实践中，教育数字化转型、赋能仍存在一些问题。

首先，服务数字经济发展的支撑力不足，主要体现在教育数字化建设方面存在瓶颈。当前，虽然在线教育在推动教育转型和数字经济发展方面具有潜力，但仍面临一些挑战。教育数字化基础设施和数字化教学工具的建设仍处于不完善的状态。在推进教育数字化的过程中，需要投入大量资源来建设数字化教育基础设施，包括网络覆盖、计算机设备、云计算平台等。同时，需要开发和应用适合教育领域的数字化教学工具和应用软件，提供高质量的数字教育资源。目前，这方面的投入和建设还相对不足，导致在线教育的全面普及受到限制。

其次，教师的数字化素养较低和数字化专门人才的缺乏也是一个问题。教师需要具备数字技术应用的能力，能够灵活运用教育技术工具进行教学。然而，目前教师队伍中数字化素养较低的情况仍较为普遍。此外，缺乏专门从事教育数字化研究和开发的人才，也制约了在线教育产品和服务的创新和发展。

教育数字化建设过程中的“重硬件、轻内涵”现象也是一个短板。过多关注硬件设备的配备，而忽视在线教育平台的建设和优质数字教育

---

① 王平.“上海市中小学（幼儿园）教师信息技术应用能力提升工程”工作布置会议讲话[J]. 教育传播与技术，2015(2):3.

资源的供给，导致在线教育无法充分满足不断增长的需求。尤其是在疫情期间，在线教育需求急剧增加，现有的数字化教育资源难以满足需求，这也凸显了教育数字化建设中软件方面的不足。

教育数字化建设需要加大力度。除了加大对基础设施和硬件设备的投入外，还应注重培养教师的数字化素养，加强数字化专业人才的培养和引进，推动教育软件和平台的建设，提供优质的数字教育资源。我们要构建全民终身学习的推进机制，建立灵活、丰富、便捷的终身学习体系。① 在数字教育时代，我们需要主动适应数字化、智能化、终身化和融合化的发展趋势，整合社会各方面的优质学习资源，建立全民终身学习的公共服务平台，满足不同人群多样化、个性化的学习需求。通过建设学分银行等措施，让学习成为人人皆学、处处能学、时时可学的现实，实现教育的全生命周期，平等面向每个人、适合每个人、开放灵活的目标。

未来，教育数字化是促进教育公平和高质量发展的重要途径。我们要始终以人民为中心，加快建设高质量的教育体系，推进素质教育，并致力于实现教育公平。教育数字化可以利用新技术手段，快速高效地整合优质教育资源，实现跨学校、跨区域、跨国家的传播和分享，消除教育发展中的不平衡和不充分，缩小数字鸿沟。教育数字化可以逐步缩小区域、城乡之间的数字差距，促进教育公平，让亿万孩子都能享受到优质教育。

教育数字化不仅是推动教育转型发展和改革创新的重要动力，同时也是数字技术全面融入各个领域和全过程的重要体现。这一趋势对经济、政治、文化、社会和生态文明建设都带来了广泛而深远的影响。在数字

---

① 吴遵民，法洪萍. 终身教育背景下基础教育的改革现状与发展路径[J]. 人民教育，2021(12):4.

化的时代，教育也面临着新的挑战和机遇。我们要树立数字思维，深刻认识教育数字化将催生新的教育场景和形式，推动教育整体水平的提升。基于大数据和人工智能，我们要促进自主学习和因材施教，建立基于全过程数据的教育评价机制，积极推动数字教育的技术、模式、业态和制度创新，以数字化教育支撑和引领教育现代化，让数字教育惠及所有学习者。

为了实现上述目标，我们需要充分发挥数字技术的优势，加快构建新一代数字教育平台和内容，积极推进教育数字化，利用数字技术发展带来的红利，推动数字技术与教育资源的融合创新，以提高共建共享机制的效率，为教育现代化贡献更多的力量。

加强教育资源的建设和共享。目前我国已建立了一些公共在线教育资源平台，但仍存在资源建设重复、不平衡和薄弱等问题。为了进一步推动教育资源的建设和共享，应将新一代数字化技术（如虚拟现实技术和人工智能技术）与教育资源的共建共享相融合，开发出具有新形态的优质数字化教育资源，以提供更多高质量的教育资源，推动数字教育资源的优质共享。我们应该注重数字技术创新与教育资源创新的融合，因为数字技术的发展为教育资源的创新提供了新的机遇和挑战。通过探索数字技术的应用，解决数字技术发展中的难题，推动数字技术与教育资源创新的融合发展，形成开放、共建、共享的新模式。建设智能化教育实践环境也是重要的方向。智能化教育环境能够感知教育情景、识别学习者特征，并提供适切的学习资源和便利的互动工具，以促进教育工作者和学习者的有效工作和学习。在建设智能化教育环境时，需要注重推动互联互通的教育基础设施建设，丰富多元的教育资源供给，并构建具有感知识别功能的平台，以满足全民数字化学习的需求。教育数字化转型实践研究需要致力于推动数字技术与教育资源的融合创新，以提高共建共享机制的效率。在教育资源建设、数字技术创新和智能化教育环境建设方面进行深入探索和实践，将有助于推动教育数字化转型的进程，为教育现代化和数字经济的发展提供有力支持。教育数字化是实现教育现代化、促进教育公平和高质量发展的重要途径。我们应充分认识教育数字化的重要意义，加强对数字技术的应用和创新，推动教育变革和创新，努力建设教育强国，让每个人都能享受到优质教育的机会。

随着数字技术智能化程度的加速提升，我们正在逐步向数字化生存的新境界迈进。这些技术不仅正在改变我们的生产和生活方式，而且被广泛认为是具有重塑教育体系和教育生态的力量。这一切，无疑掀起了一股教育数字化发展的浪潮。

六、正确认知教育数字化转型

在教育领域，以“化”来称谓某种教育发展趋势的语词并不少见。然而，类似“教育数字化”之后还冠以“转型”的情况却相对罕见。教育数字化本质上是一种涵盖了数字技术融入教育系统的全过程，是依托于特定的技术手段来重构和优化教育系统的方式。这种方式的特性使得教育数字化并不需要也不可能真正地“化”到“转型”这一步。然而，对于这个概念的理解，还需要我们更深层次的剖析。

教育数字化的核心目标应该是以人为本，通过技术手段提高教育的有效性和效率，从而更好地服务于教育的初心和使命。然而，在实践过程中，这种目标有时会被扭曲或忽视。一些实践者过于关注数字技术本身，而忽视了技术应当服务于教育的初心和使命。他们可能会过于追求技术的新颖性和独特性，而不是将这些技术有效地应用于教育实践中，这无疑会偏离教育的初心和使命。教育数字化也可能会对数字技术的作用进行夸大。虽然数字技术可以为教育带来许多便利，但我们不能忽视教育的真实需求。教育是一项复杂的社会实践活动，其成功并不能仅仅依赖于技术的应用。因此，我们不能过度依赖技术，而忽视了对教育本质的深入理解和对教育实践的精细研究。我们也需要注意数字化阻力的问题。在教育数字化的过程中，技术的负面效应常常被忽视。例如，过度依赖数字技术可能会导致学生的创新能力和批判性思维能力下降。因此，我们在推动教育数字化的过程中，必须对这些潜在的阻力有充分的认识，并采取有效的措施来防范和解决。我们必须要注意的是数字化权力的问题。① 过度的技术应用可能导致技术对人的宰制，人的主体地位可能会被削弱。因此，我们必须坚持以人为本，将技术视为提高教育效果的工具，而不是控制人的手段。我们需要确保技术的使用不仅能提高教育的效率，还能赋予教育更丰富的内涵。

教育数字化是一个重要的发展方向，但我们必须清楚地认识到这个过程中存在的问题，并采取有效的措施来解决。只有这样，我们才能确保教育数字化真正地服务于教育的初心和使命，实现教育的高质量发展。

---

① 王坤．基层电视台新闻播音的特点及风格定位[J]．新闻传播，2016(11):2. DOI:CNKI:SUN:YWCB.0.2016-21-038.

第三章

中职专业建设概况

一、中等职业教育的发展历程

第一阶段：初期探索和摸索（20 世纪 60 年代至 70 年代）

在新中国成立初期，中等职业教育（中专）作为培养各类技术技能人才的重要途径得到重视。这一阶段主要是初步探索和摸索中职专业建设的过程。国家组织了一些职业学校和技工学校，通过引进外国专业技术人才、培养本土技术师资队伍等方式，开始建立起一些中职专业，以满足不同行业和领域对技术人才的需求。这些学校主要面向广大工农兵群众，提供实用的职业技能培训。此时的中职教育主要以技能培训为主，注重培养实践操作能力，为各行业和地区输送合格的工人和技术人员。为了推动中职专业的发展，也采取了一系列措施，然而，这一阶段的中职专业建设还处于探索和摸索的初级阶段，面临着一些挑战和困难。教育资源有限，教学设备和教材匮乏，师资力量相对不足，这些都制约了中职专业的发展。同时，由于当时社会主义建设的需要，一些行业和领域对技术人才的需求较为单一，专业设置相对较少，缺乏多样性和针对性。

尽管在这一阶段中职专业建设面临着一些挑战，但国家和教育界对中职教育的重视和努力为后续阶段的发展奠定了基础。这一阶段的初期探索和摸索为中职专业建设提供了宝贵的经验和教训，为后来的发展打下了坚实的基础。

第二阶段：扩大规模和专业化发展（80 年代至 90 年代）

在改革开放的大背景下，中职教育得到进一步发展，是中职专业建设的体制改革与专业多样化发展阶段。国家加大对中职教育的投入力度，兴建了大量职业学校和中等职业学校（中专）。这一阶段的重点是扩大规模和专业化发展，通过增设新的职业专业，国家经济发展的需要对人才提出了更高的要求，中职专业建设也随之发生了重要变革。

中职（中专）教育的管理体制发生了转变。原先的行业归属模式逐渐向教育系统转变，职业学校（中专）和技工学校逐渐获得了更多的自主权和发展空间。国家、地方和学校可以根据本地经济发展需求，调整专业设置、招生规模和教学内容，促进中职教育与地方经济的对接。中职教育的专业多样化得到了推进。为了适应社会经济的多元化需求，中职（中专）学校开始扩大专业设置范围，涉及工业、农业、商业、服务业等多个领域。新设立的职业专业涵盖了更广泛的技能和知识领域，培养了更多专业化的技术人才。然而，我们仍然面临着一个问题：专业的发展与新兴行业的人才需求之间存在落后。因此，国家将继续加大对中职专业建设的资金投入和政策支持，以满足市场对高素质人才的需求。同时，教育资源也将得到进一步的改善，中职（中专）学校的师资力量将得到提升，教学设备和实践条件也将得到改善。此外，为了提高中职教育的质量和水平，国家加强了对中职教育的评估和监管，推行了一系列政策措施，如国家重点院校评估、推动校企合作、加强实习实训等。

在这一阶段，中职专业建设为我国职业教育的发展奠定了坚实基础。职业教育的专业多样化满足了社会经济发展的多元需求，培养了大量适应市场需求的技术技能人才。体制改革使得职业学校获得了更多的自主权和灵活性，能够更好地与地方经济相结合，为地方经济的发展提供有力支持。同时，国家的政策支持和资金投入为中职（中专）专业建设提供了有力保障，促进了中职教育的多样化发展。

第三阶段：产业需求导向与高质量发展（2000 年至 2015 年）

此阶段是中职专业建设的产业需求导向与高质量发展阶段。在这一阶段，我国社会经济进一步发展，职业教育面临着新的挑战和机遇。中职专业建设开始更加紧密地与产业需求对接。随着我国经济的转型和升级，新兴产业和高端制造业得到了快速发展，对技术技能人才的需求日益增加。中职专业的设置和调整越来越注重与产业发展的契合度，国家同时也完善了新专业申报与建设、评审的机制，职业学校根据当地产业结构和需求调整专业的设置。2010 年后，一批适应新兴产业的专业，如人工智能、物联网、新能源等逐步被开发和建设。传统产业也得到了优化和升级，对高素质技术工人的需求不断增长，职业学校积极培养相关专业的学生，以满足产业发展的需要。

高质量发展成为中职专业建设的重要目标。职业教育不再仅仅注重培养学生的实际操作技能，而是更加注重学生的综合素质和创新能力的培养，推动多样化成才。中职学校积极推行素质教育，注重学生的实践能力、创新能力、团队合作能力等的培养。教育教学改革得到进一步推进，教师的专业能力和教学水平得到提升，注重培养学生的创新思维和实践能力。此外，为了提高中职教育的质量，国家加大了对职业教育的资金投入和政策支持，提供更好的教育资源和教学设施。

在这一阶段，中职专业建设与产业需求的紧密对接使得中职学生更加符合市场需求，就业率得到提高，为经济发展提供了有力的技术支持。高质量发展的目标使得中职教育更加注重学生的全面素质培养，培养了一大批具备综合能力和创新精神的高素质技术人才。同时，国家的政策支持和资金投入为中职专业建设提供了重要保障，促进了中职教育的持续发展。第三阶段的中职专业建设以产业需求导向和高质量发展为核心，不断调整和优化专业设置，提高教学质量，培养适应产业发展需要的高素质技术人才，为经济社会的发展作出了积极贡献。

第四阶段：创新驱动与多样化成才（近年至今）

这一阶段，在全球经济一体化和科技创新的推动下，中职专业建设面临着更加复杂和多样化的挑战。创新驱动成为中职专业建设的核心要素。在创新驱动发展的理念下，中职专业建设实践中更注重培养学生的创新思维、创造能力和实践能力。学校加强与高等院校、科研机构和企业的合作，开展产学研深度融合，推动科技成果转化和技术创新。创新创业教育成为中职教育的重要内容，学生通过创新实践和创业项目，培养创新精神和创业意识，为未来的创新创业做好准备。

中职专业建设的人才培养定位由以“谋业”为主转向以“人本”为主。职业教育被重新定位为服务人的全面发展，旨在建立多形式衔接、多通道成长、可持续发展的梯度职业教育和培训体系，让学生能够多次选择、多样化成才。这样的转变有助于消除社会对职业教育的歧视，解决职业普通教育分流所带来的焦虑。职业教育的改革重心由“教育”转向“产教”，更加注重与经济社会发展的紧密结合。产教融合成为现代职业教育的基本特征和优势，也是改革的难点和重点。通过建设市域产教联合体和行业产教融合共同体，将职业教育与行业进步、产业转型、区域发展相结合，创新良性互动机制，解决人才培养供给与产业需求不匹配等问题。职业教育服务场域由“区域”转向“全局”，更加注重支撑新发展格局。强调职业教育要服务区域经济社会发展，推动形成与市场需求相适应、与产业结构相匹配的现代职业教育结构和区域布局。同时，职业教育也要立足区域优势、发展战略、支柱产业和人才需求，建立健全职业教育国际合作机制，实现从“单向引进借鉴”到“双向共建共享”的转变。职业教育发展路径由“分类”转向“协同”，更加注重统筹“三教”协同创新。职业教育与普通教育是不同但同等重要的教育类型，二者不是平行更不是对立的关系。因此，职业教育要与高等教育、继续教育协同创新，实现各种教育类型的优势互补和交叉融合。职业教育办学主体由“单一”转向“多元”，更加注重社会力量的参与。① 职业

① 周桂瑾，俞林．职业院校混合所有制办学驱动、功能及现代治理[J]．职业技术教育，2017(31):6. DOI:10.3969/j.issn.1008－3219.2017.31.011.

教育体系建设改革的核心目标是从国家举办为主向国家统筹管理、社会多元参与办学的格局转变。中职专业建设更加注重服务人的全面发展、与产业需求的紧密结合、支撑新发展格局、协同创新发展和多元化的办学主体参与，以促进职业教育的持续改革和现代化发展。

二、中职专业数智化赋能的现状与问题

我国中等职业教育的专业建设在近年来得到了积极发展，取得了显著成就，呈现出多元化和多层次的特点。我国中等职业教育的专业建设涵盖了广泛的领域，包括工业制造、电子信息、建筑工程、服务业、农业技术、文化艺术、医药卫生等。学生可以根据自身兴趣和职业发展需求，在丰富多样的专业中进行选择。紧密结合了当地和国家的经济发展需求，注重培养符合产业需求的高素质技术人才。例如，在制造业领域，涌现出了机械制造、汽车维修、电子技术、数控技术等专业；在服务业领域，有酒店管理、旅游服务、美容美发、烹饪技术等专业。这些专业的设置使学生能够获得实际应用的技能，为未来就业打下坚实基础。注重培养学生的职业能力和实践操作技能。教学模式更加注重实践教学和实训环节，通过理论与实践相结合的方式，培养学生解决实际问题的能力和实际操作技能。学生在校期间将参与实习、实训、竞赛等活动，提前接触职场环境，为未来就业做好准备。为了确保中职专业的质量和水平，许多专业已经建立了行业认证体系。这些行业认证包括职业技能等级认证、职业资格认证、职业标准制定等，使学生在学习期间能够获得行业认可的技能和资质，增加就业竞争力。随着创新创业的重要性日益凸显，中职专业建设也将创新创业教育融入其中。学生在专业学习的同时，也将接受创新创业教育的培训，培养创新思维、创业意识和创业能力，为将来成为自主创业者或具有创新能力的员工打下基础。

总体而言，我国中职专业建设在不断改革和创新中取得了积极进展。同时，在全球范围内，数字化转型对职业教育改革发展产生了深刻而广泛的影响，从根本上改变了职业教育的面貌、结构、运作方式、教学模式和治理方式等，打破了职业教育一成不变的常态和既定模式。在数字化技术的推动下，全球教育资源呈现出全球性流动和配置的趋势。与此同时，线上教育蓬勃发展，对传统线下教育造成了巨大冲击和挤压，使教育结构变得不够合理。

随着数字化和信息技术的快速发展，数智化赋能已成为推动产业升级和创新的重要力量。然而，在中职专业建设中，尚存在应用数智化赋能技术的意识和能力不足的问题。许多中职学校的教育教学仍然停留在传统的模式和方法上，没有充分利用数智化赋能技术提升教学效果和培养学生的创新能力。因此，中职专业建设需要加强对数智化赋能技术的应用，培养师生的数智思维和技能，以适应数字化时代的需求。数智化赋能需要具备相关技术和领域知识及跨学科的教师来指导和教授学生。然而，当前中职师资队伍在数智化赋能方面的专业素养和能力较为薄弱。部分教师对新技术和数字化工具缺乏了解，无法有效地应用于教学实践中。因此，中职专业建设需要加强对教师的培训和专业发展，提升他们在数智化赋能方面的能力和素养。数智化赋能在中职专业课程设置和教学方法上需要得到更好地融合。中职专业建设需要根据行业和职业发展的需求，合理设置数智化赋能相关的课程和实践环节。同时，教学方法也需要相应调整，注重培养学生的数据分析能力、信息素养、创新思维和解决问题的能力。这需要中职学校和教师不断探索适合数智化赋能的课程设计和教学方法，以提高学生在数智化赋能领域的综合能力。数智化赋能还涉及中职专业建设实践中与产业合作的深度融合。中职学校应与相关行业和企业建立紧密的合作关系，开展产学研项目和实践活动，为学生提供实际应用和实践的机会。通过与产业合作，学生可以接触到最新的数智化赋能技术和应用，增强他们的实际操作能力和就业竞争力。

中职专业建设在数智化赋能方面面临着数智化应用不足、师资队伍需提升、课程设置和教学方法需要调整以及与产业合作不够紧密等问题。解决这些问题，需要学校、教师和相关部门共同努力，加强对数智化赋能的认识和应用，推动中职教育与数智化赋能的有机结合，为学生的未来发展提供更好的支持和机遇。

在推动职业教育数字化转型的过程中，正确的认知是至关重要的。然而，目前存在着一些关键利益相关方对于职业教育数字化转型的认知曲解甚至是错解的情况。第一，部分利益相关方对职业教育数字化转型的公共知识和相关政策精神缺乏了解，对其认识不够深入，仍然认为数字化转型与他们关系甚微。这种局限性使得他们对数字化转型的重要性和迫切性没有清晰的认识。第二，有些人将职业教育数字化转型与职业教育信息化等同起来，认为数字化转型只是信息化发展的新阶段，仅仅是一个新的名词或口号。这种误解忽视了数字化转型所带来的根本性改变和全面性影响。第三，一些人认为职业教育数字化转型只是部分地区和少数重点学校、示范校、名校的事情，与普通学校和薄弱学校关系不大。这种观点忽视了数字化转型应该是全面推进的，并且每所学校都应该受益于数字化转型所带来的机遇。第四，一些人认为职业教育数字化转型过于复杂，会给学校管理、成本投入、教师教学等方面增加负担，因此存在畏难抵触情绪，对推动数字化转型缺乏热情和主动性。这种观点忽视了数字化转型可以带来的效益和长远发展，也没有充分认识到数字化转型对职业教育的重要意义。第五，有些人认为职业教育数字化转型只是阶段性的、短暂的现象，认为它并不会持续稳定地发展下去，因此对数字化转型持观望态度。这种观点忽视了数字化转型是一个长期的变革过程，它将深刻影响职业教育的未来发展。

这些曲解和误解严重阻碍了职业教育数字化转型的推进。因此，我们需要引导、纠正和消除这些错误认识，提高利益相关方的认知水平，确保他们能够准确理解数字化转型对职业教育的重要性和价值，积极参与推动数字化转型的工作，共同促进职业教育的发展和进步。只有如此，我们才能更好地应对职业教育数字化转型带来的挑战，实现职业教育的持续发展。

舒尔兹（Thodore W. Schultz）在他的著作《教育的经济价值》中提出了“教育全部要素成本”的概念，将其分为提供教育服务的成本和学生上学时间的机会成本。[①] 而我国学者王善迈、盖浙生等也将教育成本划分为教育生产者的成本和教育消费者的成本。这表明职业教育数字化转型必然会对职业院校的教育成本和学生的受教育成本产生新的负担。在数字化转型的过程中，为了有效推进相关工作，职业院校需要对学校的基础设施、数字技术设备、配套软件资料、在线教育平台、在线教育资料和教材研发以及专业师资进行改造和升级，这些方面需要大量的资金投入。尽管数字化转型带来了新的成本压力，但我们也应该看到其中的积极因素。数字化转型为职业教育带来了更广阔的发展机遇和教育质量提升的可能。通过数字化技术的应用，职业教育可以实现教学内容的个性化定制、跨时空的教学资源共享、在线学习和实践的拓展等，从而提高教育的质量和效果。面对数字化转型所带来的成本增加，我们需要寻求解决方案。国家、教育机构和企业可以加大对职业教育的资金支持，提供相关的补贴和优惠政策，减轻学校和学生的经济负担。同时，还可以积极推动公共资源共享，促进教育资源的合理配置和利用，降低教育成本。此外，通过加强与产业界的合作，为学生提供实践机会和实习岗位，从而增加学生的实践能力和就业竞争力。只有在合理分配资源、共同承担责任的基础上，我们才能实现职业教育数字化转型的可持续发展，

① 姚宗法．我国高校教育成本核算问题研究[D]．天津：天津工业大学，2008.

并为学生提供更优质的教育体验。

我国大力倡导并有序推动教育数字化转型的背后，我们必须认识到这将对教育系统提出更高的要求。职业教育作为我国教育体系的重要组成部分，相较于普通教育更具有全民性和终身性，但整体发展仍然相对薄弱。尤其对于职业院校而言，数字化转型通常涉及资源、管理和服务等多个要素，需要对学校的信息门户、管理中心、资源中心、服务中心和数据中心等进行系统的改造和升级。

因此，职业教育数字化转型是一项规模庞大、时间周期长、成效逐步显现的系统性工程，不是所有主体都能够有效应对和承担。首先，一些地方和职业院校的经济能力有限，难以承担职业教育数字化转型所带来的沉重压力。同时，他们也缺乏与之高度匹配的管理方案，特别是对于非定型、非标准的数字化软件方面的应用缺乏有效的策略。其次，部分地方和职业院校在数字化设备采购预算的编制和执行上存在较大差距，国家采购限制价格与职业院校预期价格之间存在较大差距，这在一定程度上导致国家和职业院校难以准确控制职业教育数字化转型的成本。再次，一些地方的采购流程冗长、手续繁琐，这使得职业院校在增加间接成本的同时，错过了采购的最佳时机，导致职业教育数字化转型进程的延缓甚至停滞。最后，目前职业院校的师资队伍还无法有效掌握和运用数字化技术，大多数教师是在被迫接触数字化技术的同时边做边学，自身的数字素养和数字化技术应用能力较低。

针对这些困难和挑战，我们需要采取一系列的措施来推动职业教育数字化转型的进程。首先，加大对职业教育的资金投入，特别是针对数字化转型所需的基础设施和技术设备的更新升级，提供充足的财政支持。其次，国家应该简化采购流程，提供更加灵活和便捷的采购机制，确保职业院校能够及时获取所需的数字化设备和软件。最后，加强对师资队伍的培训和培养，提高教师的数字素养和数字化技术应用能力，为数字化转型提供坚实的支持。

另外，还需要积极促进与产业界、企业和科研机构的合作，共同推动职业教育数字化转型。通过建立产学研合作平台，促进知识、技术和资源的共享，加强实践教学和产业对接，培养适应数字化时代需求的高素质职业人才。只有克服这些困难和挑战，加强资源整合和协同配合，我们才能实现职业教育数字化转型的目标，为学生提供更具现实意义和竞争力的教育。这将进一步推动职业教育的发展，适应时代的需求，培养更多适应数字化时代的高素质人才。

在追求教育公平的过程中，我们必须认识到职业教育数字化转型所带来的新的不公平现象。尽管公平是职业教育数字化转型的重要价值之一，但市场经济对职业教育产业布局、资源配置和人才流动起到决定性调节作用，这不可避免地导致优质教育资源向经济发展较好的地区、少数重点学校和示范学校聚集。这种情况在一定程度上导致了地区间、城乡间、学校间和群体间优质教育资源的供给、配置和流动失衡。随着职业教育数字化转型的不断深入，这种失衡现象将变得更加严重，由数字化转型带来的教育差距也将日益扩大，新的教育不公平问题将不断涌现。

首先，优势者越发优势，劣势者越发劣势。通过职业教育数字化转型，经济发展较好的地区、少数重点学校和示范学校将进一步提升实力，而经济较弱的地区、普通学校和薄弱学校的发展将更加被动，这样的数字化转型所带来的差距是令人难以想象的。其次，群体之间的数字素养鸿沟将逐渐扩大。职业教育数字化转型不仅仅带来了数字化技术，更重要的是数字化综合素养和运用数字化技术的能力，这种能力已经成为应对未来社会挑战的基本生存技能。然而，由于资源分配不均和机会不平等，不同群体之间在数字素养方面的差距将逐渐拉大。最后，教育的起点、过程和结果公平面临前所未有的挑战。职业教育数字化转型可能剥夺部分群体享受教育的权利或机会，导致他们在教育起点上与同龄人存在差距。在数字技术的个性化和智能化支持下，个体的成长过程和发展结果的差距也会逐渐扩大，使得教育过程和教育结果更加不公平。

面对这些问题，我们需要采取积极的措施来应对教育公平的挑战。首先，要加强资源的配置和流动，通过优化教育资源分布，缩小地区间和学校间的差距，确保教育资源的公平共享。其次，要注重教育机会的均等化，提供平等的数字化教育机会，不让任何一个群体被边缘化。最后，还需加强教育质量的监管和评估，确保数字化转型不仅仅是形式上的改变，而是真正实现教育公平的有效途径。通过这些努力，我们可以期待职业教育数字化转型发挥积极的作用，为每个学生提供平等、公正的教育机会，促进社会的公平与包容。这需要国家、学校、教育者和社会各界共同合作，共同努力，以确保教育公平成为数字化时代的现实。

在完成数智化赋能这一过程中，我国需要克服多重困难，包括数字鸿沟、技术和设备落后、师资队伍建设不足、教育资源分配不均等问题。同时，还需要推动政策体系的创新和完善，加强职业教育与产业的深度融合，促进学校、企业和国家的合作，以培养适应数字化时代需求的高素质职业人才。职业教育数字化转型不仅是一项技术革新，更是一场全方位的变革。只有通过与国际接轨，吸纳先进经验，加强创新能力和实践能力的培养，才能推动职业教育迈向更高水平、更加适应社会发展需求的阶段。在面对挑战的同时，我国职业教育数字化转型也蕴含着巨大的潜力和机遇。通过深化改革，完善政策环境，加强教育资源配置和质量保障，我国职业教育能够更好地适应全球化和数字化的趋势，为培养适应未来社会需求的高素质人才发挥更重要的作用。因此，我国需要加大对职业教育数字化转型的投入，提高教育体系的适应能力和创新能力，积极探索与国际接轨的路径，不断推动职业教育的改革与发展。只有这样，我们才能在全球职业教育数字化转型的浪潮中保持竞争优势，为国家的发展和人才培养贡献更大的力量。

第四章

数字化、智能化赋能下的职业教育教学改革与评价

2014 年，对于我国职业教育的改革和发展来说，无疑是一个决定性的里程碑。在这一年，《国务院关于加快发展现代职业教育的决定》和《现代职业教育体系建设规划（2014—2020 年）》相继发布，象征着国家对职业教育的高度重视。此外，2015 年的《高等职业教育创新发展行动计划（2015—2018 年）》的出台更是加快了职业教育数字化进程的脚步。

近年来，我国职业教育的发展步伐没有停歇。2017 年，《教育部关于进一步推进职业教育信息化发展的指导意见》为职业教育信息化工作提供了全面的顶层设计，包括形势目标、重点任务和保障措施等关键要素。到了 2022 年，我国的职业教育正处于数字化转型发展的关键节点。3 月份，国家职业教育智慧教育平台以“1 个职教大脑 · 数字驾驶舱系统、2 个二级平台、4 个子系统和 4 个分中心”为主体构建完成，这无疑在全方位推动职业教育数字化方面迈出了重要的一步。

同时，专业化的数据采集平台和职业教育专业教学资源库的建设也取得了显著的成效。自 2010 年开始，教育部就开始持续推动职业教育专业教学资源库的建设。如今，203 个国家级资源库已经建成，覆盖了高职的 19 个专业大类，其应用的规模也在稳步增长。据统计，截至 2023 年 2 月，已接入国家级、省级专业教学资源库 1173 个，精品在线开放课程 6757 门，视频公开课 2222 门，汇聚各类资源达到了 610 万余条，同时，还建设了 215 个国家级职业教育示范性虚拟仿真实训基地培育项目。这些举措不仅提升了职业教育的质量和效益，也为职业教育的数字化转型打下了坚实的基础。在数字化、智能化的赋能下，中职教育教学改革与评价可以呈现以下特点和趋势。

个性化教学和学习。借助人工智能和大数据，教师可以更精准地了解学生的学习需求和学习进度，定制个性化的教学方案，有助于提升教学效果和学生满意度。学生也可以通过智能系统自主学习，提升学习效率。

混合式学习。数字化和智能化可以将线上教学和线下教学结合起来，形成混合式学习模式。这种模式可以根据学生的实际情况灵活调整教学方式，提升教学效果。

实时评估和反馈。借助数字化和智能化技术，教师可以实时获取学生的学习数据，进行教学评估和反馈。这不仅可以及时调整教学策略，提升教学效果，也可以帮助学生了解自己的学习状况，提高学习效率。

智能教学资源的共享。数字化和智能化使得优质的教学资源可以在线共享，学生可以随时随地获取这些资源，提升学习效率和效果。

教育评价的改革。在数字化、智能化的支持下，教育评价也正在发生改变。以往，教育评价主要依赖于单一的考试成绩，而现在，我们可以利用各种数据和算法，对学生的学习过程、学习策略、问题解决能力等进行全面评价，形成更公正、更全面的评价体系。

虽然数字化和智能化带来了很多机会，但是也存在一些挑战，如在数字化和智能化的教育环境中，大量的学生学习数据和个人信息被收集和存储。这就提出了一个重要的问题：如何保证这些数据的安全？首先，需要对数据进行加密，防止数据被非法获取。其次，需要对数据的使用进行限制，确保数据只被用于教学目的，而不会被用于商业或者其他目的。另外，还需要定期进行数据安全的检查和修复，防止数据泄露的风险。虽然数字化和智能化的教育能够提高教学效率和效果，但是过度依赖技术可能会有一些负面效果。例如，如果教学完全依赖于在线平台，那么在网络故障或者平台故障的情况下，教学将无法进行。此外，过度依赖技术可能会导致学生的社交技能和实际操作能力的降低。因此，我们需要在使用技术的同时，保持对传统教学方式和实际操作的重视。在数字化和智能化的教育环境中，教师不仅需要具备传统的教学能力，还需要具备一定的技术应用能力，如使用在线教学平台、使用智能教学系统、进行在线评估等。这就需要对教师进行技能培训，提高他们的技术应用能力。同时，也需要对教师进行心理支持，帮助他们适应新的教学环境。

一、数字化、智能化在职业教育专业建设中的融合与挑战

教育部发布了新版《职业教育专业简介》（以下简称《简介》），对于落实立德树人根本任务，规范职业院校教育教学、深化育人模式改革、提高人才培养质量等具有重要基础性意义。

《职业教育专业简介》立足增强职业教育适应性，体现中职、高职专科、高职本科的人才培养的定位区别与关联，更新了职业面向、拓展了能力要求、更新了课程体系，增列了实习场景、接续专业、职业类证书等，有利于提高职业教育专业适配产业升级的响应速度。《职业教育专业简介》的更新显示了教育部对于职业教育的高度重视和深入思考，它将更好地服务于职业院校、企业和学生。新版《简介》强调了职业教育的适应性，这一点对于职业教育非常重要。随着科技的发展和产业的变迁，需要的人才和技能也在不断变化，职业教育需要快速响应这些变化，及时调整和更新课程和培训内容，以保持其教育的实用性和针对性。新版《简介》强调了人才培养的定位区别与关联，这体现了教育部对于教育阶段和专业之间联系的理解。不同的教育阶段和专业培养的人才有不同的职业定位，同时，他们又需要相互联系，形成良好的人才培养链条。通过列举实习场景和接续专业，学校可以更清楚地知道如何组织实习和设计课程；学生可以更好地规划自己的学习和职业发展；企业也可以更明确自己需要什么样的人才和如何与职业院校合作。

（一）《职业教育专业简介》新变化、新特点

新版《简介》，是系统介绍专业基本信息与人才培养核心要素的标准

文本，是职业教育国家教学标准体系的重要组成部分，对于落实立德树人根本任务，规范职业院校教育教学、深化育人模式改革、提高人才培养质量等具有重要的基础性意义。新版《简介》是根据2021年发布的新版《职业教育专业目录》（以下简称《目录》）并通过专业简介的形式对专业内涵进行全面、系统、权威的阐释。

1. 新变化

《目录》是职业教育的基础性教学指导文件，是职业教育国家教学标准体系和教师教材教法改革的龙头，是职业院校专业设置、用人单位选用毕业生的基本依据，也是职业教育支撑服务经济社会发展的重要观测点。①

新版《目录》统一采用专业大类、专业类、专业三级分类，一体化设计中等职业教育、高等职业教育专科、高等职业教育本科不同层次专业，共设置19个专业大类、97个专业类、1349个专业，其中中职专业358个、高职专科专业744个、高职本科专业247个。②

经统计，新版《目录》新增专业269个。其中，中等职业教育新增28个专业，高等职业教育专科新增74个专业，高等职业教育本科新增167个专业。将中职、高职专科、高职本科专业简介框架统一调整为9个主要部分：专业代码、专业名称、基本修业年限、职业面向、培养目标定位、主要专业能力要求、主要专业课程与实习实训、职业类证书举例、接续专业举例。此举旨在更具针对性和有效性地开展职业教育和人才培养。以下将详述四个主要的优化调整：

首先，原先的“就业面向”被调整优化为“职业面向”，使得专业

---

① 本刊记者．前瞻性布局专业体系——教育部全面修（制）订[J]．广东教育：职教，2021(4):4-6.

② 无．教育部关于印发《职业教育专业目录（2021年）》的通知（教职成〔2021〕2号）[J]．中华人民共和国教育部公报，2021(6):42-130.

与具体职业、岗位群或技术领域的关系更为明确，帮助学生更好地理解本专业所对应的职业机会。其次，原先的“职业能力要求”和“主要职业能力”合并调整为“主要专业能力要求”。新的设定更强调根据专业对应的职业（岗位群或技术领域）的需求，通过典型工作任务的分析，精准提出主要专业能力要求。再次，原“专业教学主要内容”和“核心课程与实习实训”被统一为“主要专业课程与实习实训”。这部分包括专业基础课程、专业核心课程和实习实训环节。这样的调整使得《简介》中的专业课程体系更为完整，对各学校制订专业人才培养方案的指导性更强，同时也给予学校在教育教学改革中留出了一定的自主空间。最后，原“职业资格证书举例”被调整为“职业类证书举例”，根据新修订的职业教育法的要求，按照职业资格证书、职业技能等级证书等进行列举。这样的调整更好地契合了职业教育与职业资格认证的关联，有利于推进职业教育的“岗课赛证”综合育人。

新版《简介》的这四项主要调整，旨在明确职业教育的职业导向性，增强培养方案的针对性和实用性，同时给予学校一定的自主性，满足不断发展变化的劳动力市场需求。

2. 新特点

新版《简介》在重塑职业教育形象和提升其有效性方面，采取了五个主要的方向进行精心构建：

第一，注重全局视角，全面呈现了人才培养的大局观念。该文档详尽地概述了中职、高职专科和高职本科的人才培养体系结构，并全面揭示了职业教育在各层次和各类专业的基本信息。同时，它强调了以科学规范为主导，以德智体美劳为主题的高素质技术技能人才全面发展的核心要素和环境要求。这为学生报考职业院校和进一步深造，为学院制定人才培养方案，以及为社会用人单位选拔毕业生，提供了一份权威的指南。

第二，聚焦适应性，深度优化职业教育的特性。它深入研究新技术和产业变革的需求，紧密接触职业岗位场景，并着重于职业岗位能力的培养。同时，它更新了课程体系，升级了专业内涵，弱化了学科教育的色彩，而转向强调科学文化知识和专业类通用技术技能的培养。这种转变不仅强化了实习实训等实践性教学环节，而且推动了技术技能人才供应端的改革。

第三，注重前瞻性，以提升适应未来职业能力为目标。它密切关注行业变革和科技创新，优化了专业定位，并在职业方向中强调了专业对应的数字化新职业场景和新岗位。此外，新版《简介》还着重介绍了对应的职业资格证书和职业技能等级证书等职业类证书，预先布局培养学生掌握未来职业能力，如数字技能和绿色技能，使职业教育专业能更好地适应、支撑和引领经济社会的高质量发展。

第四，发挥整体性，推动了职业教育的全面培养。它统筹规划了职业教育不同层次的培养规格、能力要求和课程体系，并使各层次之间能有机贯通、逐层提升。同时，新版《简介》也强调了职普融通理念，列出了在职业院校中，每一层级向更高层级贯通培养的专业，为学生的专业选择和成长提供了有效的参考。

第五，保持简明性，有效地展示了职业教育的积极形象。它以高度凝练的“千字文”形式，将职业道德、文化知识、技术技能内化为职业综合素质，外化为行动能力的具体要求，课程名称、实习实训内容充分体现了职业教育的特点。这种通俗易懂、简洁明了的方式，使家长、学校和社会都能更容易地理解和接受职业教育，为社会各界全面认识职业教育提供有效的帮助。

（二）《职业教育专业简介》新的框架和方向

《职业教育专业简介》的更新为职业教育的改革和发展提供了一个新

的框架和方向。

1. 新版《职业教育专业简介》

新版《简介》对于职业人才能力的培养凸显了两个核心观点：前瞻性的增强以及适应性的优化，从而满足时代发展的需求。

（1）强调前瞻性，塑造未来职业素养。

新版《简介》特别强调对于数字化职业环境和新兴岗位的专业对接。它着重于培养数字化人才及其相关技能，以便职业教育在不断发展变化的经济社会中，既能适应，又能促进并引领高质量的社会发展。

（2）重视适应性，提炼职业教育的独特属性。

新版《简介》立足于新兴技术和产业变革的需求，明确强调对职业技能的培养，推动课程体系的更新，深化专业内涵，抑制过分的学科教育倾向。同时，它也注重科学文化知识和通用专业技能的培养，强调科学精神和工程思维的培养，推动技术技能人才的供给侧改革。

在全球进入数字化转型的重要时刻，市场和企业都亟须精通创新技术，掌握科技前沿发展动态的职业人才。然而，目前面临的问题是高端职业人才短缺，基础职业人才的培养也无法满足市场的需求。这种情况给职业教育，特别是职业院校和企业，提出了新的挑战和问题。如何借助数字化的浪潮，推动职业教育的发展，使之更好地适应社会和市场需求，是一项值得深入探讨的课题。

2. 在数字化转型浪潮中，职业人才培养面临着前所未有的新机遇

职业教育，与传统的普通教育不同，其重点落在“职业”两字上，强调实践技能和职场实际工作能力的培养。① 然而，从近年我国劳动力市场供应情况来看，出现了供不应求的问题。我国就业人员规模在近年来

① 刘庆堂．中职微课资源建设探析[J]．浙江教育技术，2017,000(003):57－59.

持续下降，到2021年，已经降至7.47亿人。如何有效地提升职业人才的培养效率并确保质量？数字化转型给出了答案。职业教育的数字化转型并不仅仅意味着将教学活动从线下转移到线上，更重要的是，它开启了一种新的教育模式，即结合线上线下的优势，通过混合教育模式最有效地达成职业教育的目标。

在数字化的推动下，职业教育解决方案有了新的实践形式。

通过整合优化专业教学资源库的数字资源。借助网络支持的“智慧职教”，学校和企业可以构建一套系统全面的数字化教学与培训服务，有效推动职业院校、企业的数字化升级进程，节省时间成本。

利用在线数字化平台进行线上线下混合式教学。针对职业院校，利用数字化信息，深度结合理论与实践，注重数字化能力培养，配合云端专属教学平台——“职教云”，让教学资源得到更好的利用，提高教学水平和效率。

创新学习途径，开放职业教育。对于职业教育，我们需要开拓新的学习途径，不再局限于传统的课堂教学。通过“智慧职教”打造的大规模在线开放课程平台——MOOC学院，提供更多公益服务，推动学习型社会建设。

利用大数据技术提升学习效率。通过对学员数据的收集、分析、挖掘，为广大学习者提供更加个性化的教学选择和服务，同时为教育行政管理部门、院校管理者和教师提供教学决策支持。

在数字化，特别是人工智能浪潮的冲击下，职业教育正在经历一场前所未有深刻的变革。借助数字化技术，职业教育的发展可以更好地满足新版《简介》对于新技术和产业变革需求的呼声，为各行各业培养出更适应市场需求、更具实践能力的专业人才。因此，企业和职业院校应积极响应和抓住这一机遇，深度对接职业岗位场景，突出职业岗位能力培养，用数字化推动职业教育的转型。

“数字化”这一关键词在新版《简介》中占有重要地位。比如，在职业面向中，强调专业对应的数字化新职业场景和新岗位，并列举了对应的职业类证书；在职业能力中，注重培养学生掌握数字化技能等未来职业能力。以“财经商贸大类”为例，无论是中职、高职专科还是高职本科，其中的纳税事务、统计事务、国际商务、大数据与财务管理、大数据与会计、大数据与审计等专业，在专业能力要求或职业能力证书列举中，有关“数字化”“数字技术”“数字技能”“产业数字化”的表述比比皆是，仅“财务会计类”一节中，就多达17处。由此可见，数字化已经成为职业教育教学改革和发展的主旋律，无论是作为培养单位的院校还是用人单位的企业，现在以及未来必须格外重视对数字化相关专业能力的培养和考察。“财经商贸大类”在校生，也尤其应该注意数字化技能的学习和职业类证书的未雨绸缪。

新版的《简介》以前瞻的视角，紧密关注行业的变革趋势和科技创新的脉络。它通过优化各个专业的定位，突出了新的数字化职业场景和新岗位在职业教育中的重要性。此外，简介中还列出了各个专业对应的职业资格证书和职业技能等级证书等职业类证书，具体展示了对于未来职业技能的具体需求。

为了应对未来社会的发展，该简介更是前瞻性地布局，以培养学生掌握数字技能、绿色技能等未来的职业能力为目标。这些新的技能和知识，是适应、支持和引领经济社会高质量发展的关键因素，使职业教育专业成为快速适应经济社会发展的“快速变量”。简介的内容和目标，都致力于提升职业教育在经济社会发展中的核心地位和作用，以更好地应对未来的挑战和机遇。

（三）职业教育数字化赋能的实践路径

在现今以及接下来的一段时间，数字化转型无疑已成为我国职业教育改革和发展的核心议题。我国独特的国情，以及职业教育数字化转型当前面临的困境，对我们制定切实可行的改革策略提出了挑战。然而，面临困境的同时也暗藏机遇。通过分析部分发达国家及国际组织在教育数字化转型方面的典型做法和实践经验，我们可以为新时代我国职业教育数字化转型寻找多元化的路径参考。这些国家和组织的成功案例可以为我们制定有效的策略提供借鉴，从而加速我国职业教育的数字化进程，提高职业教育的质量和效率。同时，我们也应注意和防止他们在实施过程中遇到的问题，这将有助于我们更好地规划和实施我国的职业教育数字化转型。我国职业教育的数字化转型不仅需要我们立足本国实际，同时也需要借鉴国际的先进经验，结合我国的具体国情和当前的困境，为职业教育的改革和发展提供多元化的策略和路径。在这一过程中，我们应注重培养数字化能力，改革教学方法，提高教育质量，以适应新时代的需求，推动我国职业教育步入数字化新时代。

1. 规划职业教育数字化转型路线图

理解并深度把握职业教育数字化转型的实质、深层含义和核心逻辑是前行的关键。没有对此的精准理解和深度认识，政策实施就会变得困难，进展也将难以保证。因此，基于科学的理解，对职业教育数字化转型进行准确的把握，是我们在新时代推进职业教育数字化转型的基础和前提。这也是朝着教育现代化迈进，深入推动数字中国建设的坚实步伐。进一步加大对教育数字化转型的引导力度，推动其发展。此外，相关部门还需要从战略层面统筹制定教育数字化转型的规划和布局，为未来 3—5 年，甚至更长时间的教育数字化转型工作提供明确的方向和指导原则。加快研制新时代我国教育数字化转型的普适性框架。这应包括教育数字化转型的愿景目标、价值创造、具体目标、发展阶段、核心要素、实践方向、支持保障等内容的科学结构，并形成教育数字化转型的“技术—组织—社会”的普适性框架。各级政府和各类型学校需要进一步加强对教育数字化转型的宣传教育。需要增强宣传教育的前瞻性、主动性和创新性，开拓宣传教育的渠道，创新活动形式，注重实际成效，并按照区域、领域和批次进行推进，扩大宣传教育的覆盖面，提高政策精神的知晓率。通过这种方式，可以打通政策落实的“最后一百米”，最大程度地提高教育数字化转型的共识度、认同感和凝聚力。

科学的认识和精准的把握是对职业教育数字化转型战略规划的基石。只有清晰准确的理解，才能有效地驾驭职业教育数字化的过程，并赋予我们规划和推进转型工作的能力。

（1）认识转型的必要性与紧迫性。首先，我们需要认识到职业教育数字化转型的必要性和紧迫性。面对现代化的需求和科技的飞速发展，职业教育也需要与时俱进，通过数字化转型来提高教育质量和效率。

（2）理解转型的本质与挑战。转型不仅仅是工具和技术的改变，它更是关乎教育理念、教育模式、教学方法、学习方式等方面的全面革新。同时，我们也应看到转型过程中可能会遇到的挑战，如技术应用、师资培训、学生接受度、网络安全等问题。

（3）制定详细的转型计划。根据对数字化转型的理解，我们需要制定出详细的转型计划，包括转型的具体目标、步骤、时间表、资源分配等内容。并对该计划进行动态调整和优化，以适应变化的实际情况。

（4）实施并监测转型进程。制定计划之后，就是付诸行动，实施转型计划。在实施过程中，我们应进行持续的进程监测和结果评估，以确保转型工作的顺利进行和目标的实现。

（5）反馈和调整。在实施转型过程中，我们需要根据反馈进行动态调整，包括修正可能存在的问题，优化转型策略，以确保转型工作的高效进行。

只有科学地认识和精准地把握职业教育数字化转型，我们才能有力地推进职业教育的发展，为经济社会的进步做出更大的贡献。

2. 合理把控职业教育数字化赋能成本

从成本效益分析的角度来看，职业教育数字化赋能的核心目标应是在最小化投入的情况下，快速地获取最大化的教育收益。然而，鉴于职业教育数字化赋能是一项系统性、复杂性、专业性并且需要持久投入的重大工程，如何科学地控制并优化赋能成本已经成为业界和学界关注的重点。

各级职业教育学校应进一步简化管理体制，减少不必要的管理层级。可以设立专门的团队，由专业人员负责预算、编制和控制数字化转型的成本，并建立切实可行的制度方案以规范成本管理的流程。地方政府和职业教育学校应加强对市场上相关设备、技术软件的供应与需求情况的了解和掌握。针对性能良好且价格合理的设备和软件进行优选，以达到在保证质量的同时尽可能地降低成本。在成本分配过程中，我们应该深化对成本核算方法的优化，具体包括细化分配过程、阶段化考虑成本和精确地识别成本分配的领域。通过这种方式，我们可以准确地识别和避免在转型过程中可能出现的资源浪费、重复投入和成本过高的问题。地方政府应该基于广泛的调研和科学的论证，组织专业团队对现行的政府采购招投标流程进行改进，包括简化招投标流程、缩短招投标周期，以提高招投标工作的效率和中标产品的性价比，从而有效地控制学校在招投标过程中产生的间接成本。

3. 持续推进职业教育数字化转型

职业教育的数字化转型可以被大致分为三个连续进步的阶段：数字化转换、数字化升级和数字化转型。[①] 每个阶段都有其特殊的焦点和目标。

---

① 刘庆堂．中职微课资源建设探析[J]．浙江教育技术，2017,000(003):57－59.

第一阶段，数字化转换，主要关注的是学校的物理设施向数字化信息设施的转变，这一阶段主要涵盖了硬件设施的建设以及软件平台的搭建等基础工作。这一阶段的目标是将传统的教学方式与信息技术相结合，以增强教学效率和优化教学环境。

第二阶段，数字化升级，重点在于数字信息的管理和技术应用，主要包括在数字技术支持下建立数字化共享平台和服务网络。这一阶段的目标是通过技术的应用，提升教育质量和学生学习体验，以及进一步提升教育机构的运营效率。

第三阶段，数字化转型，目标是找到并实现数字化共享平台和服务网络的高效运行模式，主要涉及在数字化背景下集成学校自身特色和优势资源的多元化发展模式。这一阶段的目标是利用现代化的教育技术，进行更深层次的改革，提供个性化教学方式，提升教育质量和教育公平。

在职业教育数字化转型的过程中，政府、学校、企业和专业机构需要协同推进。在这个过程中，政府不仅应扮演决策者和管理者的角色，更应成为协调者、联络者和服务者。首先，政府需要进一步协调学校、企业和专业机构之间的合作关系，为职业学校的数字化转型提供机遇、创造条件和聚集资源。其次，学校需要主动加强与企业、兄弟院校、专业机构的沟通与联系，结合自身的发展实际和特色，形成本校的数字化转型规划方案及重点任务分解表。同时，学校在推进数字化转型的过程中，要量力而行、逐步推进。最后，率先进行数字化转型的职业院校在开发更多教育资源和提供更优服务供给的同时，还应充分发挥示范作用，为其他学校的数字化转型提供经验参考。

4. 多方协同、数字赋能

职业院校作为职业教育数字化转型的执行者和推动者，是实施职业教育数字化育人的主要阵地和实践场所。然而，考虑到职业教育数字化转型的复杂性和系统性，这一转型并不应只限于院校一方。实际上，这需要政府、学校、企业、专业机构以及跨界融媒组织等多方力量深度合作，以全方位、全要素、全过程的方式共同推进职业教育的数字化转型。这一转型的目标是加速构建以人为本、交互式、个性化的数字化育人环境。

基于数字教育资源的再生成、互动和共享等特性，我们可以将学习资源发布到数字共享平台。利用数字教育资源的固有属性和本质特征，可以推动教师的教学方法进行深度变革，以满足当今信息社会对教育的新需求。依托数字技术，我们可以打破时间和空间对职业院校育人场所的限制，创新职业院校育人的方式和形式。例如，通过加快建设“第三个虚拟学习场所”，学生可以在虚拟学习场所或虚拟社交网络中实现同步学习、交互学习和个性化成长。相比传统的学习方法，这种新的学习方式将带来颠覆性的变化。研发并应用以生产岗位能力为导向的数字化系统平台。这种平台能将传统的学徒制模式和学校教学模式转变为数字化生产岗位能力发展平台。企业技能大师可以通过这个平台更好地引导和帮助学徒或学生学习生产岗位的知识和技能。创设专业反思型数字化个人学习系统。学生可以通过这个系统随时随地学习，并将相关内容与他人共享和交流，不断进行总结和反思。

在数字技术的引领和支持下，职业院校的教师教学方法、学生学习方法以及数字化共享平台等将会得到极大的革新。由此，职业教育的数字化转型情境将会变得更加优化，更加适应时代发展的需要。

5. 稳步提高职业教育数字化转型师资能力

“教育大计，教师为本。”“教师是教育工作的中坚力量。有高质量的教师，才会有高质量的教育。”这些话语向我们清晰地揭示了教师在教育事业中的重要性。因此，在职业教育数字化转型的进程中，我们必须高度重视并持续强化师资队伍建设，全方位提升教师的数字化素养和数字化技术应用能力，以适应这个信息化和数字化不断进步的新时代。

为了更具体地规划和评估职业院校教师的数字化能力，我们可以参照联合国教科文组织的相关标准，将教师的数字化能力划分为初级、中级和高级三个层级。三个级别评定的依据分别是以下三种能力：一是在线与混合式教学能力，这是指教师能够有效利用数字化工具，进行在线或混合式的教学活动，实现对学生知识和技能的高效传递；二是运用数字化技术赋能教育管理能力，这是指教师能够运用数字化技术，提升教育管理的效率和效果，包括课程设计、教学进度管理、学生评价等；三是数字化技术及转型发展行业前沿的知识和能力，这是指教师能够理解和应用最新的数字化技术，以及对相关行业的深入理解和把握。

这种分级标准为处于数字化转型不同阶段的职业院校教师的专业发展和能力提升搭建了基本框架，并为他们指明了不同层级的发展方向。然而，我们必须明确和澄清的是，这些层级是动态发展的，层级之间的划分界限也是相对的，学校会处于一个阶段运行或多个阶段并行的状态。

在这个大背景下，我们需要做到以下几点：首先，政府和职业院校应对师资队伍进行系统性、全员性、定期性培训，全面提升教师的数字化素养和数字化技术应用能力。这是因为，只有通过全面、深入的培训，教师才能真正适应并应对数字化转型的挑战。其次，政府、学校和教育科研机构应科学研制教师教学能力标准或指标，并将教师教学能力纳入教师专业标准和教师评价体系之中，充分发挥评价杠杆的导向、激励和诊断等重要作用。这是因为，清晰的标准和指标可以帮助我们更准确地衡量和提升教师教学能力。再次，面向职业教育数字化转型的实践需求，加快教师组织和管理制度的颠覆性变革。在数字技术的有效支撑下，教师的专业知识和实践技能具有时空独立性和共享分布性，教师的教学方法、学生的学习方法、学校的管理方法等都将因适应新变化而进行系统性转变甚至是重新设计。因此，我们需要在组织结构和管理制度上做出相应的调整和优化，最大程度地消解因数字技术给教师发展带来的异化趋势，使他们能够更好地适应和应对数字化时代的挑战。

教师在职业教育数字化转型中扮演着重要角色，我们必须从各个角度进行全面的考虑和策划，以实现教师队伍的数字化能力全面提升，进而推动职业教育的全面数字化转型。

6. 防范化解职业教育数字化转型危机

古希腊哲学家希波克拉底在《海德士》中写道："凡事都有两面性，只有知道正反两面，才能做出正确的判断。"当我们享受到职业教育数字化转型带来的便利和前所未有的可能性的同时，我们也必须清醒地认识到，这一转型也对传统的职业教育思维方式、运行模式和行动取向带来了影响和冲击甚至颠覆。

新时代的职业教育改革和发展变得更加复杂多变，面临的不稳定性和不确定性也在明显增加。因此，我们必须认识到，职业教育的数字化转型不仅是一个巨大的机遇，也是一个潜在的风险和危机。这种风险和危机具体表现在四个方面：首先，随着数字技术的普及和深入，教育领域中"人"的主体地位可能逐渐被数字技术所挤占，我们可能在教育的过程中逐渐忘记，教育的本质是人的发展，而非数字技术的广泛应用。"人"可能逐渐成为数字技术操控下的一个物化存在的"符号"。其次，随着大数据和云计算的广泛应用，个人隐私的安全问题日益凸显。我们的信息可能更容易暴露在数字技术的视窗下，人的隐私安全、数据安全等问题将面临前所未有的挑战。再次，教育中的人文意蕴、情感教育、生活教育甚至生命教育等可能逐渐被"虚拟教育场所"所替代。虚拟教育场所可能缺乏真实的人际互动和情感交流，这可能会对学生的人文素养和情感成长造成负面影响。最后，对于学习者而言，他们可能在数字技术和数字化共享平台的包围下，失去自己的主体意识，独立思考的能力逐渐消退，人格精神的多样性严重受损，甚至可能成为数字技术批量生产的"数字化乌合之众"。

因此，在有序推进职业教育数字化转型的同时，我们必须清醒地认识到这一转型所带来的风险和危机，要以习近平新时代中国特色社会主义思想为指导，遵循教育发展、学校办学、数字化转型等客观规律，强化数字化转型的制度建设，建立风险预警和处置机制，提高我们应对风险的能力。

在职业教育的高质量发展中，我们需要以系统性的视角来化解数字化转型的风险，同时防止在化解这一风险时引发其他领域的次生风险。只有这样，我们才能确保职业教育的数字化转型能够真正地为我们的教育事业带来积极的改变，而非潜在的危机。

二、数智化课程的特征

在数字化、智能化时代的浪潮中，中职教育课程的数智化内涵正在经历深刻的变革。随着科技的快速进步，我们观察到这种数智化转变的主要特征是混合智能化、显著个性化和强势综合化。这些变化的推动力来自数字技术与智能科学技术的不断融入和职业教育需求的导向，它们共同构成了中职教育课程数智化的核心驱动力。

在这个智能化的时代，中职教育课程的混合智能化特征越来越明显。这种趋势旨在将人工智能、大数据和机器学习等先进技术与传统教学模式进行融合，从而打造一种新型的教学模式，既能满足大规模的教学需求，又能保持教学内容的精确和深入。同时，这种混合智能化的课程还能让学生在追求知识的同时，接触并理解新兴科技，为未来的就业市场做好准备。在个性化教学方面，中职教育课程的现代化表现为显著个性化。这是因为智能化技术的应用，使得教育可以更加贴近个体的需求，实现精准教学。个性化教学不仅考虑到学生的知识基础和学习风格，还关注他们的兴趣爱好和职业规划，使教学过程更加贴合每个学生的实际情况。随着科技与各个学科领域的融合，中职教育课程的现代化呈现出强势综合化的特征。多学科交叉和科技融合使得中职教育课程内容不仅仅局限于传统的学科领域，而是开放和多元化，旨在培养学生的全面素质和跨领域的创新思维。

（一）多元智能交互

在人工智能出现之前，“智能”一词多指代人的思考和创新能力。然而，在科技进步、智能化时代的推动下，“智能”的定义逐渐扩展并加入了更丰富的内涵。现今的智能不仅包括人工智能和人类智能，更有了人机交互的混合智能和各类智能之间的多元互动。这样的转变引领了中职教育课程的现代化，也让课程呈现出混合智能化的特征。接下来我们将从课程环境、课程内容和课程编制三个方面，阐述“多元智能交互”在其中的应用和作用。

多元智能交互极大地推动了课程环境的智能化。在这个信息化、智能化的时代，课堂环境已经从传统的黑板和粉笔转变为了鼠标和多媒体设备，而多元智能交互的应用让这样的转变更加有价值。教师可以借助互联网和智能助手的技术，结合人工智能与人类智能的交互，以及多种智能间的互动，为学生提供丰富多彩的智能课程。这不仅让课程内容更加丰富，也创造了一个更好的学习环境。

课程内容的智能化也得益于多元智能交互。传统的教学内容着重于知识的传授，而在智能化时代，课程内容的重心已转向学生智能提升，关注学生如何通过与各类智能的交互来发展自我智能。这种变化要求我们剔除课程中不利于学生智能发展的部分，增加有助于学生通过与多种智能交互促进智能发展的知识。

课程编制的智能化是一个关键环节，它可以通过人工智能来优化课程目标、改良课程内容、改进课程组织实施、改善课程评价方法，以及改造课程的“智能基因”，编制出更有助于学生智能发展的课程。[①] 在这个过程中，课程编制者也会与各类智能进行频繁交互，从而更好地理解和满足学生的需求。

随着智能科学技术、教育学、心理学、脑科学等领域研究的不断深入，我们有理由相信，中职教育课程的混合智能化及多元智能交互将持续升级，更好地服务于高质量人才的培养。

（二）个性化与因材施教

在传统教学模式中，由于班级授课制和固定的专业人才培养方案的束缚，中职教育课程如同一个刚性模具，生产出来的学生犹如工厂流水线上的产品，整齐划一，个性特征并不明显。然而，每个学生都是独一无二的，他们拥有不同的性格特征、学习风格和兴趣爱好。因此，“个性化教学”理念在教育领域的提出，是为了更好地满足学生个性化需求，实现真正意义上的因材施教。

在智能化时代，这一理念得到了更深层次的发展和实践。智能工具能够协助每个学生制定个性化的课程方案，满足他们的独特学习需求。借助人工智能的力量，我们可以将每个学生的学习情况进行深度分析，包括他们的认知风格、学习目标、已有知识水平等，从而为他们提供精准个性化的课程内容。这无疑是一个重大的进步，它使得教育更具针对性，更能贴近每个学生的实际需求。结合班级制改革和专业人才培养方案的不断优化，我们可以打破传统的课程设置模式，开设更多的选修课和自修辅导课，以满足学生的个性化学习需求。随着课程网络平台的崛起，我们可以享受到丰富多彩的在线课程。这些课程不仅能够满足学生

① 张茂林，何浩冉．智能化时代高等教育课程现代化：动因及路径[J]．信阳师范学院学报（哲学社会科学版），2021,041(006):67－73.

的多样化、个性化的课程选择需求，而且还能根据学生的学习需求，智能推送个性化的学习内容。

以马来西亚理工大学为例，该校采用了人工神经网络中的自组织特征映射和反向传播算法，为学生提供了精准个性化的学习路径。这一创新做法，为我们提供了一个重要的启示：智能科学技术不仅能够提供丰富多彩的在线课程，同时也能够精准地满足每一个学生的学习需求，帮助他们实现个性化的学习。在智能化时代，我们可以利用先进的科技手段，结合精心设计的人才培养方案，借鉴国际先进经验，实现对每个学生的因材施教。这不仅能更好地满足学生的学习需求，同时也将推动中职教育课程的现代化发展。

（三）跨学科协作

在智能化时代，学科之间的界限正在逐渐模糊，跨学科协作与研究成为新的热点。从 19 世纪中期，课程综合化就已经萌芽。然而，在那个时代，这种综合更多的是各个学科的简单堆叠，尚未实现真正意义上的有机融合。而如今，随着科技的发展，智能化科技成为连接各个学科知识的桥梁，使得各学科的知识开始实现从弱势综合化到强势综合化的转变。以新兴的交叉学科“智能交通技术”为例，其课程涵盖了物理、数学、材料等基础学科的知识，以及电子科学与技术、工程、机械、自动化等应用学科的知识。这种交叉的知识结构不仅为解决复杂的现实问题提供了强大的理论支持，同时也有力地推动了该课程的综合化。智能科技的介入，使得综合化的实施环境得以创建。在过去，由于受到物质环境的限制，学生在学习环境中难以实现多个学科知识的有机结合。而在智能化时代，借助虚拟学习环境，学生能够在理论与实践的结合中，真正体验到不同学科知识间的交叉融合，从而促进课程向强势综合化的转变。

另一方面，智能科技也能为这一课程提供具有极强综合能力的优质师资。然而，由于过去单科课程的影响，我国的师资多是“术业有专攻”的单一领域的精英，对专业以外的知识了解不够，这无疑限制了综合课程的实施。然而，在智能化时代，智能导师、线上智能课程可以弥补这一缺陷。智能导师能够精准地分析学生的学习需求，以及在各个学科之间发现潜在的联系，进而提供更具针对性和全面性的教学方案。与此同时，越来越多的教育机构和学者开始认识到，跨学科研究的价值，因此开始培养具有跨学科能力的师资。这些教师不仅具备深厚的学科知识，而且能够将各个学科的知识进行有效的整合，从而使得教学内容更加丰富和全面。

智能化科技的发展，加上对跨学科教育理念的重视，将会推动中职教育课程由弱势综合化向强势综合化转变，实现真正意义上的跨学科融合和协作，促使知识的有机交融，进一步推动中职教育课程的现代化和全面化发展。

要实现中职教育课程改革目标，我们需要利用智能化时代的教育政策优势、教育技术优势和教育生态优势。具体来说，教育政策优势可以为中职教育课程现代化提供政策导向和制度保障；教育技术优势可以帮助我们采用最新的教学工具和方法，提高教学效果；而教育生态优势则为我们提供了丰富的教学资源和教育环境，促进了教学创新。通过这些优势，我们可以引领中职教育课程理念的现代化，推动中职教育课程内容的现代化，以及促进中职教育课程设计的现代化，从而实现中职教育课程的全面数智化。

三、数字化、智能化赋能中职专业课程改革

随着数字媒介、人工智能的快速发展，我们正目睹一场全新的教育

变革。这种变革首先表现在课程设计上，特别是在职业教育的课程转型中，数智化技术价值理性与工具理性的相互博弈与选择成为一个引人注目的主题。就像一枚双面硬币，一方面，数智化技术的广泛应用为职业教育课程提供了史无前例的便利性和效率；另一方面，它也可能导致我们过于依赖技术工具，从而威胁到课程的主体性发展。这个问题迫使我们重新考虑在数智化时代职业教育课程转型中数智化技术与课程主体之间的复杂关系。我们需要找到一种平衡，一种让数智技术助力课程转型，同时也能确保课程主体性的方式。为此，我们需要从素养与能力、标准与经验、规制与生成、依赖与突围等多个方面来进行深思。我们需要以这些元素的统一性作为我们思考的逻辑出发点，以此来提出在数智化时代职业教育课程转型的辩证观。

我们需要培育教师的数智素养，这不仅要理解和掌握相关技术，更要求熟练地将这些技术应用于课程设计和教学实践中。通过这样的方式，我们可以实现“知识—技能”的相融相生，即道德原则与技术应用的和谐融合。我们需要利用数智化技术助推经验课程的延伸。这可以通过创建交互式的虚拟实践环境，让学生在实践中学习和成长，实现“器—道”的共生共长，即工具与教学理念的共同发展。我们还需要构建多模态的课程组织，以满足不同学习风格和需求的学生。这包括面对面的互动，线上的学习，以及各种混合模式。这种方式可以实现“人—术”的和谐一体，即人的需求与教学方法的一体化。我们需要构建一个数字化智能化的教学、管理、服务平台，通过数据分析和人工智能等技术，以提供更个性化、精准的教学服务，提高教学质量和效率，实现“理—实”的耦合互补，即理论知识与实际应用的有效结合。

数字化、网络化、大数据和人工智能正在深刻地重塑我们的世界，这些现代科技革命的关键特征也正在推动人类社会的重大变迁。世界数字教育大会将“数字变革与教育未来”作为主题，以寻求教育领域应对这一时代变革的最佳策略和方案。要落实这一主题，我们必须首先在课程教学领域进行深入的探索，找到新的教育模式和范例。在当前的数字化时代，教育的目标不仅是传授知识，更重要的是要培养学生的创新思维和应对不断变化的环境的能力。这种转变意味着我们需要重新审视传统的课程内容和教学方法，寻找新的途径来应对数字化时代的挑战。

引入与新时代息息相关的科技知识和技能，比如编程、数据分析、云计算、人工智能等，这些知识和技能将帮助学生更好地理解和适应数字化社会，提高他们的竞争力。倡导以学生为中心的教学模式，尊重学生的个性化需求和学习节奏，灵活利用数字化工具和在线资源，提高教学效率和质量。同时，我们也应该注重培养学生的自我学习能力，让他们能够在终身学习的道路上不断前行。强化实践教学，让学生有机会在实际环境中应用所学知识，提高他们解决问题的能力和创新思维。通过模拟真实的工作场景，学生可以更深入地理解课程内容，更好地准备未来的职业生涯。

此外，教育的目标也应该包括培养学生的数字公民素养，让他们理解并尊重网络礼仪，认识到网络安全的重要性，明白自己在数字世界中的权利和责任。通过这些改变，我们可以为学生提供一个更加全面和深入的学习体验，帮助他们适应快速发展的社会环境。随着这些新模式和新范例的实施，我们期待看到学校教育的高质量发展，以及学生们更好地应对未来社会的挑战。在新的数字化时代，教育不再是一种单向的传递，而是一种深度互动和共享的过程，它将帮助我们培养出更有创新力、更有适应性和更具备未来竞争力的人才。

（一）课程数智化观念的革新

“课程知识”是指在教育活动中，针对特定目标传授给学生的知识体系，而“课程知识观”是对课程知识的态度和观念。在数字化、智能化时代，中职教育的课程目标转向培养能够适应这种时代的数智技能人才，因此，树立以数智化为中心的课程知识观应被视为数字化、智能化时代课程现代化的必要步骤。

在数智化环境中，实现这个目标需要三个步骤：首先，筛选智能知识。这种知识旨在提升人的智慧和才能，它在诸多知识中脱颖而出，特别符合数字化、智能化时代的需求。目前，中职教育课程体系中存在多种知识，有些知识能够培养思维、增长才智，但有些知识已经落后于时代，无法满足培养数智技术人才的目标。筛选出的知识点，如果不进行有效的组织和梳理，它们就会像散落的珍珠，无法形成有力的支撑。因此，我们需要按照逻辑关系和学生的智力发展规律，将这些智能知识组织成一个紧密联系的知识网络。这一网络不仅利于学生对知识的吸收，更能够帮助学生理解各个知识点之间的内在联系，从而深化对整体知识体系的理解。理念和文字层面的知识构想，并不能实际影响学生的学习过程，只有将数字化、智能化知识实际应用到教学行动中，才能真正推动学生的智力和才能的增长。在这个过程中，数智化环境的优势尤其明显，它可以通过数据分析，提供个性化的学习路径，帮助学生在实际操作中理解和应用智能知识。我们需要重新审视课程知识观，通过筛选、组织和实施智能知识，以适应时代发展的需求，培养出能够适应数字化、智能化时代的人才。

（二）数智化在课程设计中的体现

中职教育课程设计作为一项基础工作，在智能科学技术的助推下可以实现明确的课程目标设定、有组织的课程内容建构、有效的课程实施推进以及精准的课程评价开展。这不仅创新了中职教育课程设计的模式，而且是在数智化时代推动中职教育课程现代化的必要步骤。

1. 数智工具与课程目标

课程目标是中职教育课程的起点与归宿，它决定了教育的方向和成效。在传统的中职教育中，虽然我们常常以德、智、体、美、劳五位一体的全面发展观作为课程目标的定位，但由于中职教育课程日益显示出交叉性、复合性与模糊性，使得通过传统方式难以准确评估学生在德育和综合素养层面的达标情况。在这种情况下，数智化技术的运用将成为解决这一问题的有效手段。通过数智工具，我们可以通过前测、制定、试行、修改和实施等五个阶段来明确中职教育课程目标。首先，我们可以结合大数据、人工智能等数字化技术对现行中职教育课程目标的实施情况进行前测，收集并统计分析学生的需求以及目标设定存在的问题，为课程目标的制定提供依据。其次，我们可以根据前测结果制定中职教育课程目标的初步草案。

在此基础上，我们可以利用虚拟现实技术在模拟的虚拟环境中试验课程目标草案，并收集试行过程中的数据以发现草案的潜在问题。然后，我们可以根据试行结果反复修改课程目标草案，确保其能够准确反映学生的实际需求。最后，通过这样的过程，我们可以形成一个明确、可视化和数量化的中职教育课程目标。通过数智工具的辅助，我们可以更加精确地确定中职教育课程的目标，从而提升教育的效果和质量。

2. 数智技术与课程设计

中职教育课程设计处在教育教学的核心地位，不仅是对知识和技能的组织传递，更是培养学生知识能力的重要途径。在数智化时代，我们必须以数智技术为基础，对中职教育课程内容进行优化组织，使之更加符合时代发展的要求，并能有效地推动学生的知识增长。首先，课程内容选择的过程中，必须将最新、最具创新性的前沿知识纳入课程体系。课程内容的编排应当遵循学生的成长发展规律。根据维果斯基的最近发展区理论，应将适合学生“真实水平”的知识放在课程的前部，让他们在已有知识基础上建立自信，然后逐渐推进，引导他们探索和接触“可能水平”的知识，以此来推动他们对于专业知识与数智化融合的进一步理解。此外，课程内容的难度应螺旋式提升，新的学习阶段在前一阶段基础上挑战更高的难度，使学生在巩固和探索的过程中，逐步深化对知识的理解和应用，增长智慧，提升能力。在数智化时代，我们应充分利用最新的数智技术来指导中职教育课程设计，通过科学的选择和编排，提升课程的时代性和有效性，从而推动学生的知识增长。

3. 数智环境与课程实施

在数智化时代，可以借助新型基础设施建设（新基建）的力量，打造数智化环境，以推动中职教育课程实施智慧教学。新基建，是以网络化、数字化、智能化为支撑，集约高效、智能可靠的一系列现代化基础设施建设，其中包括数据中心、5G 基站、物联网设备、人工智能技术等。新基建为中职教育课程实施构建了全新的技术基础。借助数智环境的支持，我们可以构建一个智慧教育平台，其中包括四大平台（综合管理平台、学习资源平台、校本资源平台以及教学办公平台）、三大数据库（学生学习能力数据库、教师教学能力数据库以及学习内容难度数据库）和两大档案（教师教学能力档案和学生学习能力档案）。这个平台将为教育工作者和学生提供全面的教育服务。这个平台将使课程实施更为智能化，使学校可以精准获取和提供教学资源，实时获取教学反馈，及时进行教学调整，提高课程实施的效率和质量。智能教室建设利用了现代化的信息技术，整合了各种科技成果，形成了一个完整的智能化教学环境。这些教室能够提供丰富的学习资源，自动化的管理功能，以及互动式的学习工具，从而为课程实施提供了更多可能性。打造智能校园，提供一个充满信息、灵活便捷的智能学习环境。在智能校园内，学生可以通过各种智能设备，随时随地获取学习资源，与教师、同学进行交流，以及参与各种学习活动。同时，校园内的各种智能设备和系统，如智能图书馆、智能监控、智能教室等，也可以为教学决策和改革提供数据支持，为中职教育的发展注入了新的活力。

4. 数智技术与课程评价

数智化技术的运用已经使中职教育课程评价的方式开始产生革命性的变化。传统的教育课程评价方法主要特点是单一的评价主体和对象，局限的评价手段，过于强调分级和奖惩；基于数智化的评价系统则展现出多元化的趋势，包括多元化的评价主体、评价对象和评价手段等。

基于数智化的评价系统有利于拓宽评价的主体和对象，不再仅限于教师对学生的单向评价，评价主体可以包括教师、学生、教育机构、社会等多元化的角色，评价对象也不再局限于学生的知识掌握的表现，而可以涵盖学生的学习态度、团队合作能力、创新思维等多方面的能力。基于数智化的评价系统使评价手段更加多样化和精细化，除了传统的测试评价外，可以通过数据分析，对学生的学习行为、学习进度、学习成绩等进行综合评价，提供更加全面和客观的评价结果。基于数智化的评价系统的核心部分由输入、运行、输出、反馈四个部分组成。在输入阶段，教师和学生可以将学习行为、学习成果等相关信息输入系统。在运行阶段，系统会自动对输入的信息进行分析和处理，找出教学过程中存在的问题和可能的解决方案。在输出阶段，系统会将处理结果提供给教师和学生，帮助他们更好地理解学习情况和改进教学方法。在反馈阶段，教师和学生可以根据系统的输出结果，对教学和学习进行调整，然后再次进行评价。

借助基于数智化的评价系统，中职教育课程评价能够实现全方位、多角度、实时的反馈，不仅有助于提高评价的效率和准确性，也有助于推进中职教育课程的现代化发展。

（三）课程教学数智化转型

随着技术的不断进步，特别是像 ChatGPT 这样的人工智能技术的出现，传统的知识传递型教育模式正在面临着重新审视的需要。数智化赋能的发展对教育目标提出了新的挑战，这也使得我们必须重新思考和革新中职教育的课程内容和教学方法。

1. 挑战与任务

在数智化赋能背景下，需要高质量且多样化地规划和实施学校课程内容。这不仅包括精心设计和选择课程内容，丰富课程资源，还包括实现国家课程的校本化，以满足社会发展和学生全面、多元、个性化发展的需求。这些变化可以帮助学生更好地适应智能时代的需求，并充分发挥他们的潜力。改革教学方式和组织形态，重视因材施教，引导学生改进学习方法，深化以学习者为中心的课堂教学改革。这种以学生为中心的教学模式，将有助于学生获得更深层次的学习体验，增强他们的学习动力和创新能力。改革教学评价方式，评价不再只是为了判断学生的学习成果，而是要通过数据和技术，全面而真实地记录学生的学习过程和发展轨迹，发挥评价的引导和激励作用。这种新的评价方式，将有助于我们更准确地了解每个学生的学习状况，为他们提供更具针对性的指导和帮助。重视面向未来的教师培养，未来的教师不仅需要具备教学能力，还需要掌握和应用智能技术，能够引导学生学习，促进学生个性化学习，关注学生的心理健康和情感发展。只有这样，教师才能在智能时代的教育环境中发挥应有的作用。

智能时代的课程将呈现出数字化、跨媒介、混合式、弹性化等特征，教学方式也将向个性化、自主化、协作化方向发展。在这样的环境下，我们需要通过新的教育机制、新的技术、新的环境、新的课程和新的教学方式，培养学生的社会责任感、创新精神和实践能力，激发他们的学习动力和创造内驱力。在实施这些改革的过程中，必须高度重视安全性、包容性和公平性，审慎对待与人相关的数据伦理问题。需要面对和解决诸如教学组织形态、教育资源、教学支持、学习方式、学习评估等方面的变化和挑战，建立和完善相关的保障支持体系。数智化赋能对我们的教育实践提出了新的、迫切的、深层次的挑战，但也为我们提供了新的机会。只有把握住这些机会，才能实现教育的真正改革，推动人才培养模式的转型，为我们的社会培养出更具创新能力和适应性的人才。

2. 数智技术与教育教学有机融合

我国的职教体系已深深地根植立德树人的核心使命。随着数智技术的飞速发展，职教教育正在逐步将这些技术融入教育理论和实践中，通过深入推进教育数字化战略行动，开创新的发展领域，形塑新的发展动力和优势。

我国教育部已经启动了数字化的相关试点，探索技术如何支持教与学的模式，推动技术与教育教学的深度融合。教学是育人的主要途径和主要阵地，是提升学校质量的核心任务。如何教，如何利用设备和工具的产出效益，如何适应不同的教学场景，都是试点学校需要关注和研究的问题，特别是线上线下融合的学习方式的变革，积极探讨适应这种变革的课程类型和教学方式。另一方面，教什么，涉及课程观念和形态的转变。职业教育特别强调培养创新意识和实践能力，设计的“实践课程”“技能专项”“项目式学习”等新的课程内容和课程形态，教的效果如何，是通过“精确测评”和“教育大数据”等关键点来进行评估的。

从提高教育教学质量的角度出发，以此作为判断信息化应用的主要标准，已经形成了有效的思路和方法，以实现数字化精准赋能职业教育高质量发展。这个工作标志着职业教育领域的课程教学改革已经进入深水区，也标志着以数字变革推动职业教育创新发展的工作正在进行。专业的建设不仅仅是引进设备、平台或软件，而是真正基于教学改革，融合信息技术，探索新型的教与学模式。

随着国家智慧职教相关门户的开通，工作的重点将转向推进技术与课堂教学的融合应用、特色应用、常态化应用。从解决课程改革、教学改革的“痛点”问题出发，在解决问题的精准性上下功夫，突出技术应用的适切性和可持续性。让技术稳步地进入教育领域，发挥其在实现教育均衡高质量发展过程中的重要作用。

3. 课程教学数字化转型

随着教育数字化战略行动的深入推进，各中职教育先行校正在鼎力改革和探索新的教育模式，创新地融合信息技术与教育教学。这样的实践已经引领出多种常态化应用的模式，从实际应用的场景出发，可以将这些模式粗略地分类为以下四种。

基于融媒体资源的辅助式教学模式。①其特征在于利用视觉化、多样化的教学资源来唤醒学生的情感共鸣，丰富他们的认知过程。教师通过这些高质量的资源进行讲解和诠释，或者用来引导学生迁移知识，解决新问题。比如推动微课教学的实施，这不仅丰富了课程资源，也改变了传统的讲授式教学方式，从而提升了学生的自主探究能力。

基于各种工具、软件和平台的互动式教学模式。这种模式的特点是使用各种工具、软件和平台，将教学设计成一系列持续进行的活动，如创建内容、发起话题、参与评价他人的观点、投票、实时可视化课堂练习等。这种方式激发了师生之间、学生之间、师生与学习资源之间的互动，最终实现教学的优化整合。例如通过平板电脑实施生本学堂，通过

① 徐洊学. 基于新媒体环境下电声技术课程实验教学模式研究[J]. 教育现代化, 2017,004(050):217－218. DOI:10.16541/j.cnki.2095－8420.2017.50.099.

AI 听说课堂实现技术术语即读即评即反馈。

基于教学空间变革的混合式学习模式。这种模式的特点是打破课内课外、课上课下、线上线下、本地异地之间的壁垒，将实体空间和虚拟空间整合在一起，实现无处不在的学习。通过线上资源的支持，线下引导学生实践，让学生用知识来解决问题，体验知识“再发现”的过程。教育部在 2022 年评出国家职业教育在线精品课程 2000 门。

基于证据的精准教学与作业改革模式。① 在考试评价和作业管理等领域进行积极探索，例如开发技术支持的测评机制、智能阅卷系统和作业管理系统等。在不改变学生做纸质作业和教师批改作业的习惯的情况下，利用信息技术来改变教学评价，关注教学过程中数据的收集、分析和使用，形成大数据支持下的学生综合素质评价方法。

为了帮助教师更好地利用国家平台，很多学校已经将本地平台与国家平台进行了对接，利用国家平台提供的资源，推动教学方式的重构和教学方法的创新。一些地区还将人工智能、虚拟现实、增强现实、融媒体等技术与教学结合，在遵循课程标准的前提下，探索课程资源的可视化、无处不在、多模态展现，构建新型的认知工具，助力学生在真实的问题解决环境中提升自身素养。所有这些努力都是为了达成一个共同的目标：促进教学改革，探索融合技术的新型教学模式。坚持专业引领、行政主导、部门协作、科教融合的原则，各地正在逐渐形成一个整体的思维模式，从资金投入、资源供应、教育新基建、运营维护以及教学应用和服务支持等方面，建立和完善相应的机制和体制，以职业教育课程教学的数字化转型为核心，构建起教育改革和发展的新格局。

---

① 潘巧明，赵静华. 区域精准教学改革实践的探索与研究——以丽水市精准教学改革实践为例[J]. 电化教育研究，2019,40(12):7.

四、数智化课程新样态

课程是学校教育的重心，一个强大的课程体系，像一座灵活而坚实的桥梁，可以引领学生跨越知识的深渊，打通个人成长的道路。正如朱永新教授所言："课程是为了实现学校教育目标而选择的教育内容的总和。"它是学校教育的独特纹理，描绘出一幅全面的学习蓝图，引导学生系统性地获取知识、技能和价值观。

职业教育课程同样可以分类为学科课程、活动课程、综合课程和隐性课程四类。学科课程通常是我们最熟悉的课程形式，它包含了数学、科学、文学等基础学科知识及专业课程。活动课程则包括体育、音乐、艺术等，它们着重于发展学生的实践能力和审美感受。综合课程通常可以是专业一体化课程，涵盖一个或多个学科领域，注重培养学生的动手实操能力和综合解决问题的能力。隐性课程，尽管其存在并未明显写入教育大纲，但在学校的日常生活和活动中，它们通过塑造学校的文化氛围和价值观，对学生的成长产生深远影响，如社团活动。

随着数智化时代的到来，学校课程的形态正经历着深刻的变革。现代科技的快速发展，尤其是大数据、云计算和人工智能等新兴技术的广泛应用，使得我们对课程变革有了全新的理解和期待。在数智化时代，课程的多元化特征尤为显著。不仅有传统的学科课程、活动课程、综合课程和隐性课程，还出现了诸如 STEM（科学，技术，工程，数学）课程、项目基础学习课程、虚拟现实课程等新型课程。这些课程更加注重学生的主动性和创造性，通过培养学生的独立思考、合作沟通、问题解决等能力，帮助他们适应未来社会的挑战。而且，数智化时代的课程，更注重个性化和差异化。借助智能化的教育技术，教师可以根据每个学生的学习进度和能力，提供定制化的学习内容和教学方式。在这样的课程设计下，每个学生都可以在自己的节奏下，享受学习的乐趣，发掘个人的潜力。在许多课程中，学生不再是被动接受知识的容器，而是积极探索和实践的主体。比如在项目基础学习课程中，学生需要自己设计和执行项目，解决实际问题。这种学习方式不仅有利于提高学生的实践能力，也有利于培养他们的创新精神和团队协作能力。学校课程正在向更加多元化、个性化和实践化的方向发展，这无疑将赋予学生更多的学习选择，引领他们走向更广阔的未来。

在数字科技日益发达的今天，我们正见证着教育领域一场深远而又革命性的变革，那就是课程的数字化。书本，曾经作为知识的重要载体，其地位正在被逐步取代。数字化资源正在成为未来课程的主流呈现形式，更加便利、丰富和生动的特性，使其在现代教育环境中得到广泛应用。在第三次教育革命的时代，共享和共建已经成为课程建设的核心理念。一方面，共享精神强调资源的开放和流动，为学习提供了更广阔的空间。每个学习者都可以接触到海量的学习资源，打破地域、时空的限制，自由地学习和探索。另一方面，共建精神强调的是参与和创新，让每一个教育参与者都有可能成为知识的创造者和传播者，这将极大地提高教育的活力和创新性。数字化的优势正在引领课程的丰富化和多元化。数字化课程无须受到物理空间的限制，可以容纳更多的信息和内容，给予学习者更广泛的选择。同时，数字化课程的互动性和自适应性，也使得学习更加有趣和高效。

事实上，我们已经看到了源于网络的学习资源正在以惊人的速度增长。例如公开课、慕课，以及各类资源平台，他们都为学习者提供了海量的学习资源。开放图书馆资源和各类学习 APP，也正在改变我们获取和使用知识的方式。更值得期待的是，未来的课程将实现协作共建。这意味着不仅仅是专业的课程设计者，每一个教师，甚至每一个学习者，都有可能参与到课程的设计和建设中来，共同贡献和分享他们的知识和经验。这种协作共建的模式，无疑将进一步推动教育的民主化和开放化，释放出无尽的创新可能。数字化的课程正带领我们走向一个全新的教育时代，一个充满挑战和机遇的时代，一个每个人都有可能成为知识的创造者和分享者的时代。

未来的课程设计将更加强调生活实践性，这样的理念回归到我们的日常生活世界。在传统教育观念中，“课程”被视为一条赛跑道，只关注目标和结果；或者被看作是各个独立的学科领域，互不关联；又或者被定义为有组织的学习经验，被规范化、标准化地进行。然而，随着教育理念的不断变革，这些传统的课程观念受到大的挑战。现代生活实践教育理念认为，课程应该是无边界的，不仅仅局限于教室、书本和教师的知识。“课程即成长”这个观点正在逐渐被教育者接受，它强调学生的全面发展和生活实践的重要性。在这个观念下，未来的课程将不再只是在教室内完成的一堆知识和技能，而是更多地引导学生去实践生活，去探索世界，去创造自己的生活。未来的课程将引导学生通过实践经验来丰富他们的生活，将生活中的挑战转化为学习的机会。这种转变意味着，未来的课程将更加注重知识与生活、知识与社会实践的结合。无论是知识型课程、技能型课程、品格型课程还是元学习型课程，都需要在设计和实施过程中强调知识与生活的紧密联系，让学生看到学习的实际价值和意义。教育不再仅仅是知识的灌输，而是成为孩子们探索世界、理解自我以及和社会交流的重要手段。这样的课程将更能激发学生的学习兴趣和动力，提升他们的生活技能，形成他们的社会责任感，最终推动他们的全面发展。

未来的课程设计将越来越强调“具身认知”的理念，它摒弃了传统的二元认知模式（身心分离，偏重机械式的记忆），转向了身心一体、身心交融的体验课程。这种理念强调学习过程中身体和心灵的密切融合，它将感官体验、情感投入与知识学习紧密结合，使得学生不仅在理智上，而且在生理和情感上都能感受到学习的过程。比如，芬兰基础教育课程改革中引入的“现象教学”概念，就是一个极好的具象化这一理念的例子。“现象教学”将学习环境和内容置于学生的日常生活中，将选定的主题或研究问题作为引导，然后将各个学科的知识融合在这个主题性的课程模块中，让学生进行跨学科的学习。在职业教育中，同样的策略也是有效的，如：将智能交通的学习放在城市交通智能化应用的场景中，使这些知识不再是孤立、独立的，而是被融合到了主题或现象中，从而形成了一种跨学科的学习模式。在这样的学习过程中，知识不再是被动接受，而是通过探索和体验，使学生能更深入地理解和应用知识。国家政策的支持也为这种具身认知的课程设计提供了保障。这种跨学科的课程整合理念，不仅可以打破学科间的壁垒，同时也能让学生更好地理解知识的内在联系和应用，更能激发他们的学习兴趣和创新精神。总的来说，这种跨学科、具身认知的课程设计将是我们未来的课程建设的重要方向。

在未来的课程模式中，“人机结合”的课程将发挥重要作用。这主要得益于第三次教育革命的推动，其间，对信息技术知识与个人知识的关注会成为课程内容发展的重要趋势。这种变化引发了一系列与教育理念、教学方法和课程内容有关的深远改变。课程将从过于注重学科内容转变为重视学习者的经验和体验。在这种情况下，教育不再仅仅是知识的灌输，而是促进学生主动参与、实践和体验的过程，让学生在学习过程中发现问题、解决问题，培养他们的创新能力和批判性思维。从过度关注课程目标和计划，转变为更多地注重课程过程本身的价值。也就是说，未来的教学更注重的是学习的过程，而不仅仅是学习的结果。这有助于培养学生的自主学习能力和持续学习的习惯。教学不再过分依赖于教材的权威性和唯一性，而是将更多地注重教师、学生、教材和学习环境等因素的综合整合。这种方式鼓励了个性化和定制化的教学，可以更好地满足学生的个性化需求。学校教育不再只专注于显性课程，而是会同时注重显性课程和隐性课程。显性课程主要包括具体的知识和技能，而隐性课程则包括价值观、情感态度、合作能力等非认知能力的培养。学校教育不再只关注实际课程，而是会同时关注实际课程和“空间课程”。“空间课程”是指在学习过程中，学生通过实地考察、社区服务、企业实习等方式，将课堂知识应用到实际生活中，实现知识和实践的有机结合。从只注重学校课程，转变为同时关注学校课程与校外课程的整合。这样的课程设计，能使学生将在学校学到的知识，应用于课堂之外的生活和工作实践中，从而使学习更具现实意义和价值。从过度侧重“技术理性”转向更多地注重“实践理性”和“解放理性”。在这里，“技术理性”指的是对科技的理解和应用；“实践理性”指的是解决实际问题的能力；“解放理性”则是指批判思考和自由思想的培养。从只关注本土化视角，转变为同时注重全球化视角。这就需要在课程设计中，融入对全球问题的关注，培养学生的全球视野和跨文化交流能力。未来的课程将是一个全方位的、多元化的、灵活的、以学习者为中心的学习体验，它将有效地整合人工智能和个人知识，使学习更加深入、广泛和具有创新性。

在未来的教育格局中，以 STEAM 为主轴的课程将会成为主流。STEAM 是科学（Science）、科技（Technology）、工程（Engineering）、艺术（Arts）和数学（Mathematics）的首字母缩写。但 STEAM 的内涵远超过这些单独的学科领域，它的最深层含义是一种整合性的教学模式。STEAM 教育强调打破学科间的壁垒，让学生在跨学科的学习中，发展创造力、高级思维技巧、解决问题的能力、知识转移的能力以及共情和合作的能力。在当今的信息化社会中，数智化和 STEAM 教育的融合成为重要趋势。在实践中，数智化可以有效地支持 STEAM 教育。例如，数字化技术可以提供丰富的学习资源，帮助学生探索不同的学科领域；人工智能可以根据学生的学习情况，提供个性化的学习路径，从而提高学习效果；同时，大数据技术可以通过分析学生的学习数据，发现学生的学习问题，为教师的教学决策提供支持。另一方面，STEAM 教育也可以推动数智化的发展。首先，STEAM 教育强调科技的重要性，鼓励学生学习和使用新的科技工具，这有助于培养学生的数字素养和信息素养。其次，STEAM 教育的跨学科特性，使得学生需要处理和理解各种类型的信息，这对数智化技术提出了新的需求，比如如何有效地整合和展示跨学科的信息。最后，STEAM 教育强调解决实际问题，这就需要数智化技术在实际应用中发挥作用，例如，如何利用人工智能帮助解决复杂的工程问题。因此，可以说，数智化和 STEAM 教育是相互促进、相辅相成的。在这个过程中，不仅可以提高学生的学习效果，也可以推动教育技术的创新和发展。在 STEAM 的五个要素中，科学和数学通常被视为基础，工程是核心，艺术则是驱动力，而科技是使得创新和设计变为现实的关键。这一整体性的理念被越来越多的教育工作者所接受和采纳。实际上，全球科技教育研究者逐渐意识到，在现实的社会分工中，从事技术和工程工作的人数远超过从事科学和数学工作的人数，而学校教育传统上却更偏重科学和数学。因此，我们必须重新审视教育的目标和方法，以适应社会的需求和变化。在我国，STEAM 教育的探索往往始于信息技术课程。由于信息技术课程的教学内容和方法非常适合融入 STEAM 教育，因此，在中小学的 STEAM 教育中，编程和媒体制作等工具得到了广泛的应用。解决问题的能力是美国教育非常重视的一部分。与其机械地记忆科学理论，美国更倾向于让学生积极参与科学实践。例如，在 2013 年出版的美国《下一代科学课程标准》中，减少了理论知识的覆盖面，而增加了学生实践操作的机会。教育工作者们意识到，将孩子置于解决真实问题的环境中，引导他们通过持续的实践操作，提高他们的科学理解和问题解决能力，这是非常重要的。STEAM 教育强调探索和解决真实问题，目标是提升学生对学科知识的实践应用能力。它致力于填补传统分科教学中存在的学科壁垒、实践应用能力不足、解决真实问题能力不足等问题。未来，随着科学阅读、科学推理、科学建模与科学工程的融入，STEAM 教育将能更有效地提升和锻炼学生的整体素质和能力。

随着现代数智化技术的不断发展和普及，SPOC（小规模限制性在线课程）的应用和实施将变得更加高效和精准。这些技术包括人工智能、大数据分析、云计算以及物联网等，它们为教育提供了全新的方式和可能。与 MOOC（大规模开放在线课程）相比，SPOC 更注重个体化的教学体验和师生间的深度互动。同时，SPOC 在适应度、互动性和深度学习等方面，比 MOOC 有着更大的潜力。MOOC 为全球范围内的大众提供了一个无障碍的学习平台，然而，这种无限制的课程规模带来的是教学内容的普遍化，而无法针对每个学生的特殊需求进行个性化教学。相比之下，SPOC 通过小规模的课程规模和限制性的准入条件，能更好地满足个体学生的学习需求，提供更具针对性的教学内容和方法。SPOC 课程的教授者将相关的视频、文档等材料公开给每位学生，通过师生间的沟通和互动，学生可以自主完成课程作业或任务，并通过参加考核获得课程学习认证。SPOC 可以分为两种类型：一种是基于现实课堂的混合式 SPOC，另一种是完全互联网化的 SPOC。混合式 SPOC 在教学流程中结合了线上和线下的活动，同时也强调了面对面的师生交流。这种混合式的教学模式可以充分利用线上教学的便利性和线下教学的实效性，帮助学生更好地理解和掌握知识。完全互联网化的 SPOC 则更注重线上的教学活动，通过网络平台实现教学资源的共享和师生间的互动。这种教学模式更加灵活，可以满足不同学生的学习需求和节奏。无论是哪种类型的 SPOC，其核心都是为学生提供更个性化、更深度的学习体验。在 SPOC 的教学模式下，教师不再只是传递知识的工具，而更像是引导者和促进者，他们通过互动和沟通，帮助学生解决学习过程中的问题，培养学生的自主学习能力和创新思维。同时，学生也可以在小规模、有限制的环境中，获得更多的关注和资源，从而提高学习效果和满意度。

在数智化技术的推动下，我们正迎来教育领域的一次全新变革。未来的课程将不再受限于传统的学校环境和书本知识，它将变得更加流动和泛在，这不仅仅体现在教育的形式和方法上，更体现在人们学习习惯的改变，以及教育理念的更新。课程将越来越多地融入日常生活中。这就意味着学习的场所将不再局限于传统的学校环境，家庭、社区、图书馆，甚至是户外的田野，都可以成为学习者的课堂。学习时间也将打破传统的限制，实现真正的随时随地学习。这是数智化技术特别是移动互联网技术的广泛应用带来的可能。教育内容将从封闭的、单一的书本中解放出来。这一点的实现主要依赖于新技术，尤其是人工智能和大数据技术的支持。通过智能推荐系统和个性化学习路径的设计，每个学习者都能接触到他们真正需要的、符合他们个性的学习内容。这无疑将极大地提高学习的效率和满意度。

这一切的改变不仅仅是形式上的，更深层次的是对人们学习习惯和教育理念的改变。在数智化时代，我们将逐步摒弃过于依赖教师的传统学习方式，转向更加自主、开放、基于数据和证据的学习方式。这种学习方式将更加重视实践，更加强调学习者的主体（中心）地位，同时也更加强调对学习效果（过程）的科学评价。

未来的教育将是一个更加开放、流动、泛在、个性化的教育，它将使教育真正融入生活，实现终身学习，为人的全面自由发展提供更加丰富和高效的资源。

五、数智化技术、应用、服务与场景

（一）数字化技术与课堂的融合

1. IoT + 云计算

在信息技术的飞速发展下，互联网技术，尤其是物联网（Internet of

Things，IoT）和云计算技术，已经在教育领域发挥着重要作用。特别是在5G网络的支持下，IoT技术能够将各种教学设备、学具、实验仪器等资源连接起来，提供给学生更为流畅的学习体验。同样，云计算技术则能提供强大的数据处理和存储能力，以支持大规模的数据共享和实时分析。

IoT和云计算技术可以实现教学过程的实时记录。射频识别（RFID）技术和传感器技术，例如环境传感器，可以实时地捕捉和记录学生在课堂中的行为和反应，这不仅包括学生的参与度、交互情况，还可以记录他们的心率、眼球移动等生理指标。这种微观的、连续的数据收集，可以帮助教师对学生学习的理解程度做出及时和精准的反馈，从而提高教学质量。同时，环境传感器还可以根据学生的需要自动调节教室环境，如温度和湿度，以提供一个更为舒适的学习环境。

IoT和云计算技术也使得教材联网成为可能。云计算的强大数据处理和存储能力使得海量的教学资源可以在线共享，无论是文字、图片、音视频，还是模拟软件、实验数据等，都可以实时获取和更新。这一点尤其对于科学和工程等需要大量实践的学科至关重要。此外，云端的教学资源和工具还可以使课堂教学更加灵活和丰富，教师可以根据教学需要和学生的反馈，随时调整教学内容和方式。

物联网和云计算的应用也极大地提升了实训教学的效率和效果。IoT技术的感知和反馈功能可以实时地监控和评估学生的操作，使得教师可以在学生操作的同时给出及时和精确的指导。而云计算的大数据处理能力则可以实现对大量实训数据的分析和挖掘，从而找出学生操作中的规律和问题，为教师的教学反馈提供依据。在“物联网+云计算”的支撑下，教育将更加智能化和个性化。智能化体现在，大数据分析可以预测和引导学生的学习轨迹，智能诊断和推荐系统可以提供个性化的学习资源和路径。个性化体现在，每个学生的学习过程和效果都可以得到精准的记录和反馈，教学方式和内容可以根据学生的需求和反馈进行个性化调整。“物联网 + 云计算”的赋能使得教育更加精准、智能和人性化。在这种新的教育模式下，教育将不再仅仅是知识的传授，而是一种科技赋能下的个性化学习体验。而未来的教育，必将是一种以学生为中心，以科技为驱动，以数据为基础，以优化学习体验和提升学习效果为目标的教育。

2. AI + 大数据

人工智能（AI）和大数据技术的应用在教育领域具有深远影响。在这些技术的协助下，教师能以更为实时、全面和精确的方式掌握学生的学习状态，进而提供及时、系统化、定制化的学习反馈，以优化教学效果和学习体验。基于信息化教学平台的 AI 应用，特别是智能代理，可以自动完成大量的教学任务，从而释放教师的时间和精力，使其可以更加专注于教学策略的优化和个性化教学的实施。例如，智能代理可以实现学生作业的智能批改，即通过自然语言处理（NLP）和机器学习（ML）技术，理解和评价学生的答案，从而为教师提供精准的批改结果。这样，教师就可以根据每个学生的实际情况，有针对性地进行教学，实现真正的因材施教。

教育数据挖掘和学习分析则是基于大数据技术的应用，它们可以实现对教学和学习过程中产生的大量数据的深度分析和挖掘。例如，通过学习分析，可以找出学生学习的规律和问题，为教师的教学反馈提供依据。通过教育数据挖掘，可以找出学生的个体差异，例如学习风格、兴趣偏好、知识掌握程度等，然后根据这些差异进行个性化的教学编排和学习任务推送。

智能代理还可以根据学生的学习情况和个体差异，智能推送合适的学习资源。这些资源可以包括教学视频、习题库、辅导材料等，可以根据学生的需求进行个性化选择。这种智能推送不仅可以优化学生的学习体验，还可以提升学习效果。

AI 和大数据的应用使得教育更加智能化和个性化。在这种新的教育模式下，课堂不再是一种单向的知识传授，而是一种基于科技的、以数据为支持的、面向个性化的学习体验。而未来的课堂，必将是一种以学生为中心，以科技为驱动，以数据为基础，以优化学习体验和提升学习效果为目标的智慧环境。

3. 5G＋全息技术

5G 与全息技术的融合正在为教育领域带来革命性的变化，这种混合型技术拥有巨大的潜力，可以大幅提升课堂教学效率并改善学习体验。5G 通信技术以其高速、低延迟、大连接和可靠性的特点，为课堂教学的智能化转型提供了可靠的基础设施。对于远程教育来说，5G 技术可实现低时延、无卡顿的教学体验，使学生在任何地点都能流畅地参与在线课堂。8K/16K 高清画面传输将提升课堂视听效果，让学生仿佛置身于真实的课堂环境中。全息技术，包括 3D 全息图像、全息眼镜和 3D 全息课件，具有三维立体性和交互性，它们可以将抽象的知识以直观的形式呈现给学生，极大地提升了学生的学习兴趣和教学效果。通过全息技术，教师可以创造出更加具有深度和广度的教学内容，使教学内容更为丰富和生动。

在 5G 与全息技术的共同作用下，远程教学的体验得以极大提升，解决了线上教学中学生专注力下降、自主学习能力差、师生互动难度大等问题。同时，全息技术产生的立体化影像使学生可以直观地看到并探索学习内容，提高了教学的互动性，使学习变得更加有趣生动。

未来，5G 与全息技术的融合将会进一步发展，为教育领域提供更多可能性。例如，通过 5G 网络，我们可以实现全球范围内的实时教学，使教育资源得到更公平的分配。而全息技术则可以使学生沉浸在虚拟现实中，进行模拟实验或体验不同的文化环境，这不仅可以提高学生的实践能力，也可以拓宽他们的视野，使教育变得更加开放和多元化。

（二）支持未来课堂的服务体系

第一，内容服务是未来课堂的核心。其目的是通过采用创新的教学内容，如全息课件和电子课本等，来提升学生的学习体验和效果。在21世纪，学生需要的不仅仅是传统的知识，他们更需要掌握创新思维、计算思维和数字学习能力。未来课堂的内容服务就是要针对这些新的需求，提供更具针对性和实效性的教学内容。例如，可以通过引入编程课程、科学实验课程等，来培养学生的创新思维和计算思维。

第二，技术服务在未来课堂中的作用不可忽视。新的技术，如计算机视觉、人脸检测、表情识别、知识图谱等，可以极大地提高教学的效率和效果。例如，人脸检测和表情识别可以用来评价学生的学习情况和参与程度，从而帮助教师调整教学方法和内容。云网融合技术则可以提供统一的认证入口和个性化的服务空间，使教学更具有便利性和个性化。

第三，产品服务则是从市场角度来满足教育需求。通过推动企业研发基于AI诊断、图像识别、自适应学习、语音识别、智能测评等的智能服务终端，未来课堂可以提供更多元化的教育产品。这些产品不仅可以提高教学效果，更重要的是可以帮助教师减轻工作负担。

第四，数据服务的重要性在于，它能够从大数据中挖掘出对教学有益的信息。通过数据智能采集、存储、治理、分析到应用的全生命周期管理方案，教师可以更好地理解学生的学习情况，进行有针对性的教学。此外，数据分析平台的建设和数据治理系统的搭建也是重要的一环，它们可以提供专业的产品咨询和技术支持服务，帮助教师更好地运用数据。

第五，运维服务是确保未来课堂正常运行的关键。通过提供运营、维护和保障服务，未来课堂可以确保产品的流畅使用，为师生提供良好的体验。例如，定期的系统更新和维护，以及对用户反馈的及时响应，都是运维服务的重要组成部分。

这五大服务共同构成了一套全面的服务体系，为未来课堂的建设和发展提供了强大的支持。

（三）数智技术赋能课堂应用场景

未来的课堂，特别是借助于智能技术的辅助，能够使教育更加精准和个性化，提升学生的学习体验和教学效果。以下我们深入探讨教学活动的各个阶段，以及智能技术在其中的应用和影响。

（1）课前阶段，以学情分析为核心。在这一阶段，AI 能够通过大数据分析和机器学习来生成每个学生的学习画像，以揭示他们的学习习惯、技能和兴趣等个性化信息。教师可以利用这些信息进行针对性的备课，以适应每个学生的学习需要。同时，云平台可以帮助教师进行智能备课，并向学生的学习终端推送预习任务，使学生在课前就有了对课程的基本理解。

（2）课中阶段，以多元交互为关键。利用全息课件等新型教学工具，教师可以创建一个丰富的多模态课程资源，帮助学生更好地理解和吸收课程内容。在这个过程中，教师、学生、课程资源和教学环境可以实现多维度的动态交互，提高学生的参与度和高阶思维能力。

（3）课后阶段，以个性化辅导为重点。在课后，智能代理服务可以提供自动化的学习提醒、课程更新通知和学情分析反馈，帮助学生进行有效的学习和复习。这些服务都是基于学生的学习画像和实时学习数据，因此可以满足学生的个性化学习需求，使他们更好地掌握并应用课程知识。

（4）智能技术助力在线学习。优质的学习资源和创新的在线学习场景是提升在线学习效果的关键。[①] 在这一过程中，AI 和全息技术可以帮

① 刘平辉，祝士明，梁裕，等. 智能技术赋能未来课堂的系统方案及其推进路径［J］. 现代教育技术，2021，031（012）：20－26.

助学生随时切换不同的学习场景，获得沉浸式的学习体验，并与教学资源进行远程实时交互。

（5）智能技术助力教学管理和评价。智能技术能够提高教学管理的效率和效果，通过运用智能教务管理系统进行分层分级管理，整体分析各种教学情况，以及为整体的区域教学应用提供统一的数据采集、分析、研判和辅助决策等，都可以推动课堂管理朝着数据化、智能化和精细化的方向演进。此外，基于教师和学生全生命周期的大数据进行评价，可以实现过程性评价和增值性评价，帮助优化教学方法，提升教学效果。

在智能时代背景下思考课堂教学的变革与创新，已成为未来教育发展的切入点，面向未来的课堂建设应坚持理论研究和实践研究相结合，根据地区发展需要来探索具有地域特色的未来课堂新方案。

智能技术是一种具有自适应、自进化、双向互动等特征的新技术形态，其影响是多方面的。将它融入课堂教学的各个环节，可以改善和提升课堂教学环境，实现课堂教学互动化、教学场景情境化、课堂管理智能化和学习资源数字化。未来课堂将以新兴智能技术为支撑，以高效、便捷的教育服务为基础，构建一个新型智能学习空间综合体，保障师生高效参与教学。

在新的时代背景下，未来课堂将充分利用高新技术来挖掘课堂教学的潜能，为学生打造一个开放、高效、动态、快乐的学习环境，形成云端化、智能化、交互化的未来课堂新形态。①

① 刘平辉，祝士明，梁裕，等. 智能技术赋能未来课堂的系统方案及其推进路径［J］. 现代教育技术，2021，031(012)：20－26.

第五章

数智化资源开发与应用

近年来，互联网、人工智能、大数据等先进技术的飞速发展已经深刻地影响了我们的经济社会格局，它们以一种前所未有的速度和范围，催生并推动着各个领域的变革与升级。教育领域自然也不例外。这些先进技术的介入和应用已经为教育的发展和变革带来了翻天覆地的影响，赋予了教育领域前所未有的活力和创新能力。教育数字化作为一个重要的策略方向，受到了政府和各级教育部门的高度关注。2022 年的全国教育工作会议已经明确将“实施教育数字化战略行动”列为重要任务，彰显了政府对于教育数字化的坚定决心和支持。教学作为学校教育的核心环节，是实现教育目标的关键手段。在这个过程中，数字化课程资源已经成为数字化教学服务流程、个性化服务提供和模式创新的基础，也是促进教师教学和学生学习向数字化转型的重要工具。数字信息技术与教育教学的深度融合，不仅改变了教学结构和课程内容，而且极大地扩大了对数字化课程资源的需求，并为其提供了更广阔的应用空间。借助数字化课程资源，我们能够实现教学内容的快速更新和定制化，帮助学生获取更高效、更个性化的学习体验。

数字化课程资源代表了一种创新的教育方法，其主要是对包含丰富教育信息的资源进行数字化处理，使得这些信息能够以数字形式被发布、存储、获取和利用。这种形式的信息集合可以大力支持课程的设计、编制、实施和评价，从而更有效地发挥课程的教育价值。

在管理和应用数字化课程资源的过程中，通过对课程资源的描述、分类和链接，形成了一个有机的课程资源网络。在此基础上，我们可以进行资源的开发、存储、组织、推荐和淘汰等全生命周期的管理，使得资源的使用和更新更加高效和精准。

一、数字化课程资源的定义

当我们进入现代网络环境的教育背景，数字化课程引领了教学模式的全新变革。这种变革以课程教学为主轴，借助网络技术、多媒体技术等先进的信息技术和媒体传播技术，把教学内容、教学计划、教学资源、教学活动和教学服务进行了多媒介、多形态和多层次的深度整合。这种全新的教学系统所体现出的灵活性、开放性和动态性，赋予了教育活动更多的可能性，提升了教学的效率和效果，从而为学习者打造出一个更加丰富和多元的学习环境。

数字化课程的核心特征之一便是其丰富的数字化课程资源及其联通性。这些资源，能够满足多样化的教学需求和学习需求，这包括各种类型的学习内容、各种形式的学习活动、各种级别的学习难度，以及各种形态的学习评价等。这些丰富多样的数字化课程资源，可以最大程度地推动学生的全面发展，帮助学生掌握知识，提高技能，形成素质，提升其整体的学习效果。

当我们从广义上来理解课程资源的时候，其中包括了在课程设计、编制、实施和评价等整个课程发展过程中可以利用的所有人力、物力和自然资源。这些资源的范围十分广泛，包括了各种非生命的物质资源，如教学设备、教学材料、教学环境等，也包括了具有能动性的人力资源，如教师、学生、教育工作者等。

当我们说到“数字化课程资源”，这是信息资源的一个重要的子类。这种特殊的信息资源经过了精心的选取、整理和组织，形成了一个有序化的，为课程发展和学习者发展服务的有用信息的集合。

我们所讨论的数字化课程资源主要是指那些蕴含丰富的教育信息，以数字形式发布、存储、获取和利用的信息集合。这些资源通过以数字形式封装教育信息，提供了一种便捷的、灵活的获取和利用信息的方式，从而极大地拓展了教育信息的使用空间，丰富了教育信息的使用方式。这种以数字形式呈现的课程资源，可以有效地支持课程的设计、编制、实施和评价，进一步发挥出课程的教育价值。

对于教师来说，数字化课程资源是其开展信息化课堂教学的强大工具和宝贵资源。教师可以根据教学目标和教学计划，选择和使用适当的数字化课程资源，以满足教学活动的需求，提高教学效果，增强教学的吸引力和生动性。而对于学习者来说，数字化课程资源提供了丰富的学习信息、先进的学习技术和优质的学习环境，支持他们的学习活动，满足他们的学习需求，帮助他们提高学习效果，促进他们的个人发展。因此，数字化课程资源有时也被称为学习资源。数字化课程资源是数字化课程的重要组成部分，它能够有效地推动课程的教学和学习，为现代化教育的发展贡献重要的力量。这种资源的存在，使我们对于教育的理解和实践有了全新的认识和视角，帮助我们走向一个更加美好的教育未来。

二、数字化课程资源的特征

在新的时代背景下，教育数字化转型不仅仅是将现代信息技术与教育各领域的简单融合，而是一个推动教学范式、组织架构、教学过程以及评价方式等各方面深度创新与变革的过程。这一过程强调教育服务从以供给为主转变为以需求为主，以更好地满足学习者的个性化学习需求，实现教育的优质、公平，同时支持终身学习，构建一个开放、适应性强、柔韧而持久的教育生态系统。教育生态系统的转变以及教学范式的更新，无疑会对数字化课程资源提出新的需求和挑战。数字化课程资源，作为数字教育的关键要素，不仅需要具备信息时代数字资源应具有的基本特征，如数字化、多媒体化处理方式、网络化的信息传输，而且还需要进一步体现教育特性，具有交互性、开放性、生成性、连接性、情境性、社会性和可进化性等特征。

（1）交互性是数字化课程资源中不可或缺的一项重要特性。这一特性强调以学习者为中心，知识的习得不仅仅是通过单向的信息接收，而是通过双向的、动态的、持续的交互过程实现的。在这种背景下，数字化课程资源必须能支持多种交互模式，满足多样化的学习需求。数字化课程资源必须能够实现教师与学生之间的交互。通过网络技术，教师可以实时监控和引导学生的学习过程，学生也可以随时向教师询问问题或反馈学习情况。这种交互不仅使教师更好地了解学生的学习状态，调整教学策略，同时也使学生及时获得个性化的教学支持，提高学习效率和效果。数字化课程资源也能够实现学生与学生之间的交互。学生可以通过在线论坛、小组讨论等方式，进行知识分享、问题探讨和经验交流。这种交互可以增强学生的学习积极性和合作精神，提高学习深度和广度。数字化课程资源还能够实现学生与教学内容之间的交互。通过引入游戏化、情境化等设计，学生可以通过模拟操作、解决问题等方式，与教学内容进行直接、深入的交互，使知识理解更深入，学习体验更丰富。交互性的实现需要数字化课程资源采取内容与活动的整合性设计。这种设计强调教学内容和教学活动的无缝融合，既包括知识的传授，也包括技能的训练，既有理论的学习，也有实践的体验，使学习过程更富有趣味性，更具参与感，更能激发学生的学习兴趣和主动性。交互性是数字化课程资源的核心特性，对于提高教学效果和促进学生发展具有至关重要的作用。因此，在设计和使用数字化课程资源时，必须充分考虑和有效实现这一特性。

（2）开放性是数字化课程资源的另一重要特性，它旨在实现教育资源的高效流转和配置，促进全球范围内的知识分享和学习协同。具体来说，开放性在数字化课程资源的实践中主要体现在两个方面：开放的内容建设和开放的资源访问与共享。

开放的内容建设是指在课程资源的制作过程中，不再局限于由教育专家或其他特定主体来完成，而是允许所有的用户，包括教师、学生甚至社会公众，参与到课程资源的内容建设中来。这一做法秉持了 Web2.0 时代的群建共享理念，最大程度地发挥了用户的群体智慧，进一步提高了课程资源的丰富性和多样性。例如，教师可以根据自己的教学经验，为课程资源增添更多的教学实践和案例；学生可以通过互动学习，为课程资源提供更多的问题讨论和知识解析；社会公众也可以根据他们的专业知识和实际经验，为课程资源提供更多的内容扩展和深度挖掘。

开放的资源访问与共享是指数字化课程资源的设计和建设必须遵循标准化的技术规范，以确保课程资源可以在不同的组织、系统中进行自由的访问和共享。这一做法突破了传统教育资源的封闭性限制，让更多的人可以无障碍地获取和使用课程资源，促进了教育公平。同时，开放的资源访问与共享也为全球范围内的教育者和学习者提供了一种共同学习、共同进步的可能性，从而推动了教育的全球化进程。开放性是数字化课程资源的基本要求和重要保障，它推动了教育资源的高效利用，提高了教育的质量和效率，对于推进教育的现代化和全球化具有重要的推动作用。因此，在设计和使用数字化课程资源时，必须充分理解和实现这一特性。

（3）生成性是数字化课程资源的另一个显著特性，它强调了课程资源不仅是预先计划和设定的，而且可以根据教学过程中师生的实际需求和交互活动来动态生成。这一特性使得课程资源的创造和发展成为一个持续、递进和动态的过程，大大提高了课程资源的实时性、相关性和个性化程度。具体来说，生成性主要体现在以下两个方面。首先，通过教师与学生、学生与学生之间的实时互动，课程资源可以动态生成。例如，教师在课堂上可以根据学生的问题和需求，及时调整教学内容和策略，生成符合当前教学需求的课程资源。学生在课堂上的提问、讨论和反馈，也可以为课程资源的生成提供素材和灵感。生成的课程资源不仅是教学交互的直接产物，也可以作为后续学习的新资源，进一步拓展教学的深度和广度。例如，一次深入的课堂讨论可以生成丰富的问题和观点，这些问题和观点可以整理成新的课程资源，用于后续的学习和研究。其次，学生在课堂上的表现和成果，也可以整合成为新的课程资源，用于鼓励其他学生的学习。生成性使得数字化课程资源不仅是教学的工具和内容，更是教学的过程和结果。它改变了传统的教学模式，使教学更加生动、丰富和具有针对性。同时，它也促使教师和学生更加积极主动地参与到教学过程中来，提高了教学的效果和效率。

（4）连接性是数字化课程资源的重要特性，它突出了这种资源不仅是独立存在的教育单元，而且能够在更大的语境中形成有意义的联系和互动。这种特性不仅拓展了教育资源的深度和广度，也为教学活动提供了更丰富、更灵活的可能性。连接性意味着每一个数字化课程资源都可以与其他相关资源建立联系，形成一个丰富多元的教学资源网络。例如，一个物流课程资源可能会与统计、地理、经济等其他相关资源连接，形成一个跨学科的知识网络。这种网络化的结构使得教育资源能够超越单一的学科界限，实现知识的跨界整合，丰富了教学的内容和方式。

通过建立各种资源间的连接，我们可以根据每个资源的语义信息将它们聚合在一起，形成动态的教学资源网络。这种网络不仅可以包含传统的文本、图像、音频和视频资源，还可以包含新的互动和社交资源，比如论坛讨论、博客文章、在线测试等。这种动态性使得教学资源能够随着教学需求和环境的变化而适应性地调整和更新。连接性还意味着每一个资源都可以成为资源网络中的一个节点，通过相互连接，它们可以形成一个主题知识的教学资源库。例如，一个关于环保主题的教学资源库可能会包括多个关于气候变化、可再生能源、生态保护等的资源，这些资源通过相互连接，形成一个整体的教学资源库，能够全面、深入地支持环保主题的教学活动。连接性是数字化课程资源的关键特性，它为实现教育资源的整合、创新和个性化提供了强有力的支撑。

（5）情境性是数字化课程资源的重要特性，它强调教学资源的适应性和个性化，从而能够更好地满足不同学习者的学习需求和环境。情境性主要体现在两个方面：格式适应和内容适应。格式适应意味着数字化课程资源能够智能地适应各种教学终端和环境。在具体实现上，课程资源能够根据用户使用的不同设备（如PC、平板电脑、手机等）以及设备参数（如操作系统、屏幕大小、网络条件等），自动转换成最适合的格式。例如，根据用户设备的信息，一个视频文件可以被转换成不同的格式、码率、分辨率等。这种适应性不仅为学习者提供了更好的学习体验，也使得学习活动能够在多样化的环境中进行。内容适应指的是根据学习者的情境信息（如学习地点、学习风格、职业背景、学习能力等），为他们提供与其情境相符的资源内容和组织结构。例如，在学习量化研究方法中的方差分析时，尽管方差分析的基本原理是通用的，但体现该原理的应用案例可以根据学习者的专业背景进行调整。对于医学专业的学习者，提供医学领域的应用案例将更为恰当；而对于经济学专业的学习者，提供经济学领域的应用案例则更为适合。这种内容适应不仅能增加学习的相关性和吸引力，也能更有效地促进学习者的理解和掌握。情境性是数字化课程资源的关键特性，它通过格式适应和内容适应，使得教学资源能够更好地满足不同学习者的需求，提供个性化的学习体验。

（6）在现代社会，网络学习的模式已逐渐向更加社会化的趋势发展。由此，联通主义学习理论赋予了学习新的定义，不再仅仅是个体对信息的吸收和理解，而是强调学习是网络连接和形成的过程，涉及资源、信息，以及这些资源背后的人类智慧的互动。在这个背景下，数字化课程资源作为关键要素，起到了至关重要的作用。从资源与资源的连接来看，数字化课程资源作为单个学习单元，能够通过语义信息与其他资源建立关联，构成一个相互联系的资源网络。每一个资源都可以视为网络中的一个节点，它们之间的关联就像一张巨大的网，将各种信息和知识汇聚在一起。这种资源间的语义关联，不仅增强了每个资源的价值，也促进了整个资源网络的信息交换和知识共享。数字化课程资源也能作为连接学习者的中介点。它们不仅承载了丰富的信息和知识，还为学习者提供了与其他学习者、专家、教师等交流互动的平台。这样，学习者可以直接从资源关联的人群中获取学习方法和知识，也能够分享自己的理解和见解，从而形成一种社区式的学习模式。

这两种连接形式的结合，使得数字化课程资源具有了强大的社会性特征。在这个过程中，形成了一种新的网络结构，即社会知识网络。这个网络旨在集合各种资源和人的智慧，形成一个开放、共享、互动的学习社区。① 在社会知识网络中，每个学习者都可以根据自身的需要，从网络中获取资源，也可以将自己的知识和理解分享给网络中的其他成员。因此，这个网络不仅提供了一个丰富的学习资源库，还构建了一个平台，让学习者能够互相学习、交流和分享。这种学习模式，无疑大大提高了学习的效率和质量，同时也促进了学习者之间的互动和合作，有力推动了教育的社会化进程。

（7）当我们提到数字化课程资源的可进化性，我们实际上是在讨论一个全新的教育资源开发和管理模式。在这个模式下，课程资源不再是一个静态、固化的实体，而是能随着时间的推移、用户的互动和知识的更新而不断发展和变化的有机实体。

我们来看一下内容的可进化性。在传统的课程资源模式中，一旦课

---

① 卢志国，马国栋，任树怀. 论信息共享环境下虚拟学习社区的构建[J]. 情报杂志，2008,27(8):3. DOI:10.3969/j. issn. 1002 - 1965. 2008. 08. 040.

程内容确定并印刷成册，就很难进行大规模的修改和更新。但在数字化课程资源中，这种情况得到了彻底的改变。用户可以通过编辑、批注、评论等方式，实时地对课程内容进行增补和修改。这种开放的参与方式既鼓励了用户的主动学习，也让课程内容能够保持最新，反映出教育的实时性和互动性。同时，为了防止内容的混乱和质量的下降，可以通过设计相应的进化算法进行有效的管理和控制，确保内容的一致性和质量的提升。我们来谈谈关联性的可进化性。在数字化课程资源中，不同资源之间不再是孤立的，而是可以通过语义信息的识别和关联，形成一个动态的资源网络。这种网络化的资源结构，可以使得不同的课程资源形成有机的联系，提升资源之间的内在联系性，丰富课程内容的深度和广度。同时，这种关联性的进化也让用户能够根据自身的学习需求，有目的地从一个资源跳转到另一个相关的资源，形成有效的学习路径。我们要注意到，所有的内容和关联的进化，都会被系统保存为历史记录。这意味着，每一个资源的每一次变化，都会被记录下来，形成一个可追溯的历史线索。这种对历史记录的保存，不仅有助于我们理解和追溯资源的演变过程，也为用户提供了宝贵的学习反馈，帮助他们理解自己的学习历程，改进学习策略。数字化课程资源的可进化性，是教育资源开发和管理模式的一次重大变革。这种变革使得课程资源的开发、应用和更新更具灵活性和动态性，更能满足现代教育的需求，为提升教育质量提供了强大的支持。

三、教育资源的分类

（一）教育资源划分的九大类别

教育部联合北京师范大学起草的《教育资源建设技术规范》对教育

资源进行了细致的分类，并突出了其丰富多样的特性。该规范将教育资源分为九大类别：媒体素材（包括文本、图形/图像、音频、视频和动画等）、试题、试卷、课件、案例、文献资料、常见问题解答、资源目录索引和网络课程。这个分类体系不仅覆盖了大多数传统的教育资源类型，还包含了许多当今常见的数字化教育资源。①

但这个规范并不是固定不变的。随着教育技术的发展和教育需求的变化，规范中的资源类型可以进行适时的扩充和更新。例如，针对当下广泛使用的电子书籍和软件工具等新型资源，规范也可以将它们纳入其中，以反映教育资源的最新发展趋势。

此外，有研究者认为，仅仅提供学习内容是不够的，更重要的是要设计出与学习内容相融合的学习活动。因为只有通过参与这些活动，学生才能真正地理解和掌握学习内容，实现深度学习。这种观点进一步扩展了我们对教育资源的理解，使其不仅包括了学习的内容，也包括了学习的过程。

《教育资源建设技术规范》以其全面而深入的内容，为教育资源的建设和使用提供了有效的指导。同时，对于未来教育资源的发展，规范也展现出足够的开放性和灵活性，以适应不断变化的教育需求和技术环境。

（1）媒体素材：数字化技术能将各种形式的媒体素材转化为可以在数字设备上使用的格式，实现多平台、多设备的无缝接入，提升媒体素材的使用效率和便利性。同时，通过数据分析和机器学习等技术，可以实现媒体素材的个性化推荐，满足不同学习者的学习需求。

（2）试题和试卷：数字化技术可以实现试题和试卷的智能生成、批改和分析，提升试题和试卷的使用效率和准确性。同时，通过数据分析

---

① 王卫娜．网络数字化学习资源调查及其分布特点分析[D]．济南：山东师范大学[2023-07-06]. DOI:CNKI:CDMD:2.1013.216303.

和机器学习等技术，可以实现试题和试卷的个性化推荐，满足不同学习者的学习需求。

（3）课件：数字化技术可以实现课件的动态生成和交互式展示，提升课件的使用效果和吸引力。同时，通过数据分析和机器学习等技术，可以实现课件的个性化推荐，满足不同学习者的学习需求。

（4）案例：数字化技术可以实现案例的多媒体呈现和模拟演练，提升案例的使用效果和吸引力。同时，通过数据分析和机器学习等技术，可以实现案例的个性化推荐，满足不同学习者的学习需求。

（5）文献资料：数字化技术可以实现文献资料的在线存储和远程访问，提升文献资料的使用效率和便利性。同时，通过数据分析和机器学习等技术，可以实现文献资料的个性化推荐，满足不同学习者的学习需求。

（6）常见问题解答：数字化技术可以实现常见问题解答的智能生成和实时更新，提升常见问题解答的准确性和及时性。同时，通过数据分析和机器学习等技术，可以实现常见问题解答的个性化推荐，满足不同学习者的学习需求。

（7）资源目录索引：数字化技术可以实现资源目录索引的自动化构建和实时更新，提升资源目录索引的准确性和及时性。同时，通过数据分析和机器学习等技术，可以实现资源目录索引的个性化推荐，满足不同学习者的学习需求。

（8）网络课程：数字化技术可以实现网络课程的在线交付和互动式学习，提升网络课程的使用效果和吸引力。同时，通过数据分析和机器学习等技术，可以实现网络课程的个性化推荐，满足不同学习者的学习需求。

数字化技术对教育资源的赋能，不仅提升了教育资源的质量和便利性、可接入性、个性化程度，还推动了教育的创新和公平，提供了更丰富、更优质、更个性化的教育服务。

（二）教学活动类课程资源

教学活动类课程资源在当前的教育环境中起着至关重要的作用。他们构成了知识习得的交互方式，并且与教学过程密切相关。数字化技术为教学活动类课程资源提供了无尽的可能性，将学习体验带入一个全新的维度，使之互动性更强，更具参与性，同时也更加高效。

教学活动不仅促进了学生进行深层次的认知处理，而且激发了他们对知识的深度理解。这就是为什么许多学者将活动视为资源的一个重要构成要素。这种观点在学习元这种新型的资源组织模型中得到了充分的体现。学习元平台中融入了多种类型的活动来支持记忆、理解、应用、分析、评价、创造六个不同认知层次的目标达成，这彰显了教学活动在教育过程中的重要性。

在数字化环境下，教学活动的设计和实施得以极大的优化和提升。教师可以选择从 14 种类别的网络课堂教学活动中选择最适合其教学目标和内容的活动，如讨论交流、投票调查、提问答疑、在线交流、发布作品、六顶思考帽、画概念图、学习反思、练习测试、辩论活动、策展活动、操练活动、SWOT 分析图、作业社会化批阅等。这些活动不仅丰富了课堂教学的形式，增强了学生的学习兴趣，也有助于提高学生的学习效果。数字化技术使教学活动更具有参与性和互动性。例如，在进行“教育数据挖掘和学习分析”的教学活动时，学习者可以在完成教学材料的学习后，通过线上平台进行讨论交流。这不仅能让学习者积极参与到课堂讨论中来，提升了学习的积极性和效果，而且还能使学习者之间形成良好的互动和交流，形成共同的学习社群，使学习过程不再孤独。

教学活动也成了一种可以共享的资源。借助数字化技术，教师可以将他们精心设计的教学活动分享给其他教师，以供他们在创建相关主题的课程时借鉴使用。这不仅节省了教师的时间和精力，避免了重复劳动，而且还能形成教师之间的合作和交流，提升教学活动的设计水平。随着人工智能和大数据技术的发展，教学活动的设计和实施将更加精准和个性化。

通过对学生学习数据的分析和挖掘，教师可以更精确地了解每个学生的学习情况和需求，从而设计出更符合学生需求的教学活动，使教学过程更加贴近学生，提升教学效果。数字化赋能元素为教学活动类课程资源带来了诸多可能性和机遇。在未来，教学活动将会越来越丰富多样，教学过程将会越来越个性化，教学效果也将会越来越显著，这对于推动教育的创新和发展具有重大的意义。

（三）工具类数字化资源

教学工具，作为教育活动中不可或缺的一部分，从多个角度助力教师和学生，促进教学的效率和质量。具体来说，这些工具可以根据它们对教学的支持作用分为六类：效能工具、信息检索工具、认知工具、情境工具、交互工具和评价工具。

在教学中，效能工具主要是帮助提高教学效率和效果的工具。例如，文字处理软件、Microsoft Word，提供了强大的文字编辑和排版功能，使得教师可以方便地编写教学材料和编制试题，同时学生也可以使用它完成作业和撰写论文。再如数据分析软件，如 Excel 和 SPSS，它们强大的数据处理和分析功能不仅可以用于教学，例如教授统计学知识，同时也可以用于教学研究，例如分析学生的学习数据。这些效能工具大大提高了教学活动的效率和效果。

信息检索工具在教学活动中起着至关重要的作用。现代社会是一个信息爆炸的时代，每一分钟都有大量的新信息产生。① 如何在这海量的信

① 王燕莉，安世全. 数据挖掘技术在移动通信中的应用[J]. 中国数据通信，2004,6(1):4. DOI:10.3969/j.issn.1673-4866.2004.01.018.

息中找到自己需要的信息是一项巨大的挑战。这时，信息检索工具就派上了用场。例如，搜索引擎可以帮助我们在网络上快速查找到所需的信息；数据库和电子图书馆可以让我们迅速地查阅到各类学术资料；索引工具则可以帮助我们高效地管理和检索本地的信息资源。这些工具极大地方便了教师和学生获取和利用信息资源，使得教学活动更加高效和丰富。

认知工具是指能够支持、引导和扩充学习者认知过程的心智模式与设备，可以促进学习者发展各种思维能力。例如，思维导图工具可以帮助学生整理和梳理知识，让抽象和复杂的知识变得直观和清晰；模拟实验软件则可以让学生在虚拟环境中进行实验，提高他们的实践能力和探究能力；智能教学系统则可以通过人工智能技术对学生的学习进行个性化引导，提升他们的学习效果。这些认知工具通过支持和引导学生的认知过程，使得学生能够更好地理解和掌握知识。

情境工具是指能够支持创设真实学习情境的技术工具，它们可以帮助学生将所学的理论知识应用到实际情境中，从而提高学生的问题解决能力和创新能力。例如，VR 技术可以为学生创造出真实的学习环境，使得学生能够在模拟的实际环境中学习和实践；游戏化学习工具则可以通过将学习活动设计成游戏，激发学生的学习兴趣和动机，提高他们的学习效果。这些情境工具让学习变得更加生动和真实，提高学生的学习体验和效果。

交互工具是一种可以支持师生之间、生生之间的交流与互动的工具。例如，社交媒体平台可以为师生提供一个交流和分享的场所；在线协作工具则可以让学生在网络上进行小组合作，提高他们的合作能力和沟通能力。这些交互工具不仅能够促进师生、生生之间的交流和互动，提高教学活动的活跃度，也能够帮助学生建立社区，提升他们的社会参与感和归属感。

评价工具则是用来评估和反馈学生的学习过程和结果的工具。例如，在线测试工具可以让教师快速地进行学生的知识测试和能力评估；学习管理系统（LMS）则可以记录学生的学习数据，帮助教师了解学生的学习状况，进行教学调整。这些评价工具为教学评价提供了便捷和有效的手段，促进了教学质量的提升。

教学工具作为教学活动的重要辅助，通过支持教学活动的多个环节，从而提高教学的效率和质量。随着科技的进步和发展，这些教学工具也在不断地进化和改进，它们的功能和性能会更加强大，使用会更加方便，能够更好地满足教育教学的需求。而未来的教学工具，将会更加智能化、人性化和多元化，以适应未来教育教学的更高需求。

四、在线课程开发

在线教育已经在全球范围内有着超过 30 年的发展历史，其中包括像英国的开放大学和加拿大的阿萨巴斯卡大学等知名机构，它们都凭借丰富的在线课程设计与开发经验赢得了世界范围内的尊重和认可。近年来，随着网络和移动技术的迅速发展，使得在线教育逐渐普及，满足了学习者对于开放性、灵活性、个性化和终身学习的需求。在这样的背景下，在线课程成为支持系统化学习的重要载体，并且它的设计和开发也变成教育创新的一个重要实践领域。

在智慧职教的理念下，教育的核心已经从单纯的知识传授转向了以提升学生的专业技能和素养为主导。这种变化给在线课程设计与开发带来了深远影响。在这个理念下，我们不仅要关注在线课程的内容呈现和信息传递，还需要重视如何引导学生主动参与学习，提升他们的实践能力，创新思维和团队协作能力等。我国的教育者们紧跟这个趋势，积极根据市场的反馈，开发大量的高质量在线课程，得到了用户的热烈欢迎。

然而，由于对在线课程的构成要素和在线学习的基本原理的理解不够系统和深入，导致在设计和开发在线课程时，往往过于关注像 PPT 设计或教学视频拍摄制作这样的表层工作，而忽视了更为深层的在线学习规律和理论。例如，很多慕课的开发实际上是由专门的视频制作和拍摄公司主导，而这些公司可能并没有深入理解和掌握在线学习的理论和方法，结果是虽然课程的表面看上去很美，但学习的体验和质量并不高。

为了解决这个问题，我们需要深入研究和理解在线课程的构成要素，明确它们是如何基于理论研究和实践探索的，并根据这些理论和实践来系统地设计和开发出具有良好学习体验和质量保障的在线课程。此外，我们还需要在这个基础上进一步创新，寻求新的在线课程建设的理念和方法，以满足学习者日益增长和多样化的学习需求。

（一）在线课程的定义

MOOC 是网络课程发展到在线课程的一个重要转折点，它强化了开放学习过程与课程的可扩展性，这两个创新都与学习者的学习参与密切相关。同时，高质量的在线学习需要在线学习理论作为基础，还必须有完善的学习支持服务体系的支持。在线课程通常被定义为一种依托于互联网或其他数字平台的教学形式，可以让学习者在任何地点、任何时间进行学习。但这样的定义过于简化了在线课程的复杂性。实际上，我国的在线教育起源于网络课程。教育部在《现代远程教育资源建设技术规范》中首次定义了网络课程，指的是通过网络实施的某门学科的教学内容及教学活动的总和。① 随后，2012 年被誉为国际大规模在线开放课程（MOOC）元年，我国的许多大学也开始开发 MOOC。到了 2015 年，《教

① 陈超. 中小学教师网络课程评价指标体系研究[D]. 重庆：西南大学，2010. DOI:10.7666/d.y1845963.

育部关于加强高等学校在线开放课程建设应用与管理的意见》发布，使得在线课程开始进入大众视野，我们需要对在线课程有更深入的理解。

在线课程不仅仅是一种简单的知识传输工具，它的设计必须包含课程内容、教学方法、学习者互动、评估机制等多个方面。课程内容是在线课程的核心，它决定了课程的学科领域和知识深度；教学方法则决定了学习者如何获取和理解这些知识；学习者互动是在线课程的重要特性，它可以让学习者主动参与到学习过程中，提高学习效果；评估机制则是检查学习效果和提供反馈的重要工具。

我们需要明白在线课程是以学习者为中心的。在传统的教室教学中，教师通常是知识的传授者，而学习者更多地扮演被动接受者的角色。然而，在在线课程中，这种角色发生了转变。由于在线课程可以让学习者自主控制学习进度和方式，因此，学习者在学习过程中扮演更为主动的角色。这种学习者中心的教学模式可以提高学习者的学习兴趣和动力，使得学习更加有效。

与传统的教室教学相比，在线课程的另一大特点是它的开放性和可扩展性。开放性表现在任何人只要有网络连接，就可以随时随地进行学习；可扩展性则表现在在线课程可以容纳无数的学习者，这使得在线课程有了极大的潜力和影响力。

我们应该关注在线课程的技术支持。在线课程的运行离不开现代信息网络技术的支持。这些技术不仅包括用于发布和传输课程内容的网络技术，还包括用于促进学习者互动、评估学习效果等的教育技术。随着这些技术的不断发展和创新，我们可以期待在线课程将提供更丰富、更个性化的学习体验。

在线课程是一种以在线学习基本原理为基础，以现代信息网络技术为支撑，以目标为导向，与学习结果相关的、有组织的学习参与过程。它不仅要包含丰富的课程内容和有效的教学方法，还需要提供充分的学习者互动和反馈机制，并且需要有强大的技术支持。只有这样，在线课程才能真正实现其教育目标，满足学习者的学习需求。

（二）在线课程发展历史

我国在线课程的发展与现代远程教育工程、国家课程建设政策以及在线教育企业等的推动紧密相关。最初阶段的在线课程主要着眼于资源建设，比如课件、案例、教学资源、试题等的建设，相对忽视了学习者的参与性。随着政策的推动，如《关于实施新世纪网络课程建设工程的通知》和《国家精品课程建设工作实施办法》等，网络课程建设得到了进一步的提升，并且技术的发展也为在线课程的展现方式带来了多元化。

从 2012 年起，我国在线课程建设开始注重学习参与和学习过程的支持，转变为以学习者为中心的参与型课程。同时，国家政策的出台，比如《教育部关于一流本科课程建设的实施意见》等，进一步推动了在线课程的发展。在中小学领域，国家的一些教育工程和活动，如“农远工程”项目、“教学点数字教育资源全覆盖”项目、“一师一优课、一课一名师”活动、微课大赛、“三个课堂”等，也与在线课程有着密切联系。然而，当前在线课程建设仍面临一些挑战，比如部分课程建设过于依赖 PPT 和录制教学视频，忽视了在线学习的基本规律，导致学习体验和质量较差。

在国际范围内，线上教育历史要追溯到 1968 年加拿大阿尔伯塔大学医学院推出的初级在线课程。之后，英国开放大学、多伦多大学、美国凤凰城大学等纷纷推出了在线教学模式。随着慕课的出现，教育的开放性得到了进一步提升。2020 年以来，新冠疫情的影响使得在线课程建设的重要性进一步凸显，许多院校开始分享在线课程设计与在线教学的最佳实践。

近年来，由于大量个体、企业的参与，我国的在线教育市场得到了迅速的发展。这些以情境化游戏、互动、指导与智能化反馈等方式设计的在线课程，受到了用户的广泛欢迎。然而，学界对这些课程的研究尚待深入，未能将这些实践经验转化为理论成果和可推广的模式，这也是我国在线课程发展的下一步关键任务。

2022年，教育部根据《职业教育提质培优行动计划（2020—2023年）》“分级遴选5000门左右职业教育在线精品课程”的要求，2022、2023年分两批遴选不少于2000门职业教育国家在线精品课程，其中2022年遴选1000门左右。带动分批遴选、建设不少于3000门省级在线精品课程和一大批优质校级在线精品课程。申报课程应为纳入中等职业学校（以下简称中职）、高等职业学校（以下简称高职，含高职专科、高职本科）相关专业人才培养方案并在教学中实际开设的课程，包括公共基础课程、专业（技能）课程（含实训实习），以及其他特色课程。

（三）在线课程的构成要素

在课程设计中，钟启泉（2007）将课程的基础要素定义为课程目标、课程内容、学习活动方式和课程评价。然而，当我们将传统的课程设计移植到在线教育环境时，由于在线课程是在技术媒体环境中传播的，教与学发生在不同的时空中，这就对课程设计提出了更高的要求。

首先，在线课程的设计需要考虑的不仅仅是基本的教学内容和支撑环境，还应包括考虑在线学习者的特性，比如他们的学习习惯、时间分配以及学习动机等。同时，设计应该注重学习者的主体性，强调以学习者为中心，这就需要设计更多元化、互动性强的学习活动，以及提供支持服务，例如学习资源、技术帮助等。

其次，对于在线课程来说，我们不仅要充分利用现代技术和多媒体的优势，还要针对在线学习的特性对课程的构成要素进行重新构建和设计。在这方面，武法提（2007）将网络课程的构成要素扩展到了六个，分别是教学内容、教学活动、教学策略、学习支持、学习评价和学习资源。陈丽（2011）进一步提出网络课程的核心要素应包括教学设计、学习活动、教学资源、学习支持、学习评价与反馈以及技术手段。尽管这些研究为在线课程设计提供了新的思路，但在实践中我们仍需不断探索以学习者为中心的设计方法，真正落实学习者为中心的理念。

结合以上分析，基于在线课程的特性，参照国际在线课程质量标准以及在线课程设计的最佳实践，提出在线课程设计应遵循以学习者为中心的设计原则，以及遵循学习设计的理念。设计过程应围绕以下要素进行：学习目标、学习内容、学习资源、学习活动、学习评价、工具和平台、学习指导以及学习支持等。这些要素共同构建出一种“以学习者为中心”的在线课程设计框架，有助于提高在线课程的质量，更好地满足学习者的学习需求。

（四）在线学习基本原理

1. 远程交互

由于远程教育本质上是教与学的时空分离，以媒体为中介的交互关系成为实现教学整合的关键因素。区别于计算机科学和设计等领域中的交互模式，陈丽（2004）在远程学习环境下特别定义了“教学交互”，并提出了一种远程学习的教学交互层次塔模型。

这个模型将教学交互从具体到抽象、从低级到高级划分为三个层次：操作交互、信息交互和概念交互。[①] 这三层交互构成了教学交互层次塔，其中媒体成为所有教学交互发生的平台和载体。在这三个层次中，操作交互层位于基础位置，是远程学习环境中最基础的交互形式，主要涉及

① 谢亚娟．基于电子白板的课堂教学交互行为研究[D]．扬州：扬州大学，2014. DOI:10.7666/d.Y2632681.

学习者使用学习工具和平台的技术性交互。信息交互层在中间位置，它是核心的交互形式，主要包括学习者获取和处理学习资源的过程。最高层的概念交互则是关键的交互形式，它涉及学习者对知识的深入理解和创新应用，只有达到这个层次，才能算是实现了真正意义上的学习。教学交互层次塔模型揭示了在线课程设计与开发中交互设计的重要性，并为整个课程的交互设计提供了明确的方向：从简单的操作交互开始，通过信息交互逐步提升，最终达到概念交互的高层次。这一理论不仅指导了在线课程的整体设计和规划，也对具体要素的设计提供了实用的指引。

2. “以学习者为中心”理念

“以学习者为中心”不仅是现代教育的基本理念，更是远程教育的核心导向和起始点。这一理念强调将学习者置于教育活动的中心位置，尊重他们的学习个性，以方便他们的学习需求，促进他们全面的发展为目标。尽管在传统的教育环境中，关于是否应以教师为中心还是以学生为中心、教师主导与学生主体的问题上存在争论，但在远程教育领域，“以学习者为中心”的理念得到了国际广泛的认同和强调。

在线学习的环境使得学习者面临着一些特有的挑战，比如注意力易于分散、缺乏社区归属感、容易产生孤独感和焦虑感，甚至可能因此而选择辍学。为了解决这些问题，保证在线学习的高质量进行，我们需要更深入地理解以学习者为中心的理念，将其应用到在线课程设计与开发中。我们需要深入研究和理解在线学习者的特点和需求。不同的学习者可能有不同的学习习惯、兴趣、动机和技能，对课程的需求也可能存在差异。因此，在设计在线课程时，我们需要对这些特点和需求进行详细的分析，使课程设计更具针对性。我们需要创建适合在线学习的情境，以引导学习者进入学习状态，帮助他们保持注意力的集中，降低孤独感和焦虑感。这可能需要设计互动性强的学习活动，提供丰富的学习资源，甚至构建一个社区环境，让学习者有更多的机会进行交流和合作。我们需要提供充分的学习支持，帮助学习者克服学习过程中可能遇到的问题和困难，如技术难题、学习策略的选择等。这可能需要提供技术支持、学习策略指导、心理咨询等服务。

“以学习者为中心”的理念是在线课程设计与开发的重要指导原则，可以帮助我们更好地理解学习者的需求，设计出更符合学习者需求的课程，促进学习者的深度参与和持续学习。

3. 探究社区

探究社区模型源自加里森等人（Garrison et al）的理论洞见，他们构建了一个框架，系统化地解读在线探究社区中学习的过程。在该模型中，他们确定了三种主要的存在感，即认知存在感、社会存在感和教学存在感，作为在探究社区中影响学习者学习体验与过程的核心因素。社会存在感涉及的是学习者在探究社区中通过使用交流媒介，成功地在社交和情感上展现自己的能力的程度，也就是他们能否感受到自己作为一个“真实”的人在社区中的存在感。这种存在感不仅是个体自我表达的基础，也是社区成员间建立情感连接和深度交流的关键。通过这种存在感，学习者能够在社区中感受到自己的价值和归属，进而更积极地参与学习活动和社区互动。教学存在感是指为了实现个人有意义和有教育价值的学习结果，设计、促进和指导认知和社交过程所带来的体验。① 这不仅包含教学活动的设计，也包括教师的引导，以及如何激发学习者的学习兴趣和动机。当教学存在感强烈时，学习者能够在明确的指导下，更有效地掌握知识和技能，同时获取成功的学习经验。认知存在感是指探究社区参与者在特定情境中能够通过持续交流和反思来构建和深化理解的程

---

① ［1］Rouder J N, Speckman P L, Sun D, et al. Bayesian t tests for accepting and rejecting the null hypothesis[J]. Psychonomic Bulletin & Review, 2009,16(2):225 – 237. DOI: 10.3758/PBR.16.2.225.

度。这一存在感涉及学习者如何融入新知识，如何通过实践来强化理解，以及在理解的基础上如何进一步探究和创新。强烈的认知存在感能够使学习者更深入地参与学习过程，进而达到深度学习的效果。

这三个存在感的要素是相互交织、相互影响的。只有在这三种存在感得到充分满足的情况下，学习者才能在探究社区中获得最优的学习体验。因此，在设计和实施在线课程时，我们需要从这三个存在感的角度进行思考和操作，以期创造出丰富而深刻的学习体验。

4. 教学会谈

在远程教育中，有效的学生交互是保持学生在课程中的持续参与和成功完成课程的关键因素。为了解决这个问题，霍姆伯格在函授教育时代提出了有指导的教学会谈理论。他强调教育应该被看作是一种交流活动，这种交流活动不仅仅在教育者和受教育者之间，更多的是在学生与他们的同伴之间进行。尽管许多远程教育环境并不能提供传统的面对面交流，但是霍姆伯格认为教育者应当在设计课程和教学策略时，尽可能地体现出面对面对话的精神，并努力构建一个类似于面对面交流的氛围。在这个理论中，霍姆伯格引入了“内化对话”的概念。这种对话不再依赖于物理上的面对面交流，而是将这种对话的元素内化到课程设计中，使学生在学习过程中感觉自己正在与教师或其他学生进行交流。这种“有指导的教学会谈”在模拟真实对话的同时，为学生提供了指导，帮助他们更好地理解和吸收课程内容。此外，通过这种方法，学生可以在一个鼓励和支持的环境中学习，这对他们的学习态度和成绩有积极影响。

为了实现有指导的教学会谈，霍姆伯格提出了一些具体的原则。

（1）学习内容应该是易于访问的，语言应该是清晰的，并且采用口语化的表达方式，文字应该是易于阅读的，信息的密度应该适中。

（2）教育者应该给学生提供明确的意见和建议，这些意见和建议应该告诉学生该做什么，需要避免什么，特别需要注意和考虑的问题，以及提供理由等。

这些原则不仅体现了以学生为中心的教学理念，同时也为创造一个富有交互性和情感交流的学习环境提供了指导。无论在传统的函授教育，还是在现代的在线教育环境中，有指导的教学会谈都是一个重要的教学策略，可以帮助学生克服远程教育中的挑战，从而提高他们的学习体验和学习效果。

（五）在线课程设计与开发步骤

创建一个创新的在线课程设计是一项复杂的任务，它涉及课程设计团队的组建、选题与用户分析、目标与内容体系的设计以及设计理念的选择。每个阶段都至关重要，并且深刻影响着课程的创新性和质量。尤其值得注意的是，设计理念的选择，作为一项常被忽视的任务，实际上是课程创新的关键。

（1）团队组建。在创建在线课程的过程中，团队的组建是最初的步骤。根据课程的具体需求和目标，团队的大小和成员可以有所不同。一个完整的在线课程设计团队可能包括项目经理、课程内容专家、学习设计师、视觉动态设计师、技术专家、学习支持服务师以及用户等角色。这些成员需要分工协作，有效协同，以确保项目的顺利进行和高质量完成。

（2）选题与用户分析。选择一个具有吸引力和创新性的课程主题是课程设计创新的第一步。这个过程需要进行广泛的研究、深入的讨论和精准的用户定位。同时，还需要对目标用户进行深入调查，了解他们的需求和特征，并基于这些信息确定课程目标、内容体系和设计理念。

（3）目标与内容体系设计。课程目标和内容体系是课程设计的核心部分，这决定了具体的学习活动和资源的设计。设计过程中，目标应逐步递进，体现层级，注意高阶思维和能力的培养。内容体系的设计通常由学科内容专家和学习设计师共同完成，内容应按照逻辑排序，由易到难，由已知到未知，由特殊到一般，由具体到抽象。

（4）设计理念选择。在所有的设计阶段中，设计理念的选择是最关键也最具挑战性的任务。它直接决定了课程的整体设计策略和各个要素的具体设计。设计理念的选择不仅决定了课程的形式和风格，还对课程的质量和创新性产生深远影响。在确定设计理念时，需要考虑课程的目标、内容、定位、成本等因素，可选的设计理念有认知行为主义、社会建构主义、联通主义，产出导向、问题引导、案例式、启发式、项目式、体验式、行动式、游戏化学习等。

前期总体规划对中期系统设计起到决定性的作用，包括平台与工具的选择、学习资源和活动的设计以及学习评价的制定。选择的平台与工具决定了课程的承载环境和学习者的学习环境，对于设计人员的自由度有着重大影响。创新性课程设计应基于课程需求和学习者特性，进行定制或组合多种平台与工具。

关注学习资源的设计，其中教学视频的设计最受关注。许多研究者已提出视频设计的各种原则和形式。虽然视频教学具有直观、形象和信息量大的优点，但仍然属于被动学习的范畴。事实上，学习资源的设计应根据学习目标、学习者特性和设计理念的选择，采取多种形式，如文本、图像、音频、视频、动画等，而非局限于教学视频的制作。这种灵活的学习资源设计应与学习活动、学习评价的设计紧密结合，以促使学习者顺利参与学习。① 此外，学习资源的建设还应重视开放教育资源的选用以及生成性学习资源的积累与转化，这将成为课程迭代和优化的重要方式。

---

① 孙月亚. 开放大学远程学习者在线学习行为的特征分析[J]. 中国电化教育，2015(8):8. DOI:CNKI:SUN:ZDJY.0.2015-08-011.

对于学习活动设计，英联邦学习共同体强调，远程学习材料与传统课本的最大区别在于前者包含大量的活动设计。学习活动设计应遵循让学生做、促进学生学习、帮助学生达到学习目标、提供反馈等原则。除此之外，还需确保学习者之间的交互和合作机会，以获得高质量的在线学习体验。这就需要重视师生交互和生生交互活动的设计，同时也要提供良好的教学存在感和社会存在感。同时，学习活动的整体设计与规划既要有效连接和整合各类学习活动，又要根据学习者的认知和学习节奏进行规划。直播互动与研讨因具有高存在感、高参与性，已成为一种日益重要的学习活动。在设计配套的学习指导、学习支持和视觉动态效果之后，所有的设计元素最终应致力于实现学习目标和创造良好的学习体验。

在线课程的学习评价设计关注诊断学习中的问题并激励学习者的持续参与，因此，形成总结性评价的角色至关重要。评价设计应依照课程学习目标进行，并通过持续的、深度的评估与反馈驱动学习进步。总结性评价和学习者的自我评价同样被重视。作业和学习任务的精心设计，以及明确的作业评分标准和反馈，能引导学习者积极参与学习。反馈应遵循三明治原则，即在肯定学习者的基础上，提出问题和建设性意见，并鼓励学习者提高。

在高质量的在线课程设计中，体系化的学习指导是必不可少的。一份精心编写的学习指导手册能帮助学习者做好学习准备，并自主开展学习。学习指导设计的细节和具体性直接影响学习支持服务的压力。同时，学习指导需要涵盖课程整体导学、模块或章节导学、学习活动参与指导和学习资源使用指导。

学习支持设计涉及辅导活动设计和机制设计以推动学习者的学习。这包括整体辅导方案的设计、细化辅导活动的设计、学习追踪与分析的设计。此外，动机激励机制、学习支持性资源设计、课程学习社区建设和学习反思等都是促进学习者学习的重要机制。

视觉动态设计则包括整体视觉效果设计和复杂信息的动态化表达。其功能包括提供一致的课程风格、动态化和可视化的内容表示，吸引学习者的注意力以防止认知疲劳，并设计课程宣传推广方案以吸引学习者参与。视觉动态设计通过提升课程标识度和品牌效应，使在线课程更具吸引力。同时，为了降低学习者的认知负荷并促进其深度理解，信息的动态化设计和呈现是必不可少的。

在线课程开发是一个涉及教育理念、教学设计、内容创作、技术应用等多个方面的复杂过程。随着网络技术的发展和教育模式的创新，在线课程已经成为现代教育的一个重要形式。以下是在线课程开发的主要步骤。

（1）目标设定。开发在线课程首先需要明确课程的目标，包括学习者应该掌握的知识和技能，以及学习者通过学习应达到的水平。这一阶段需要深入理解课程内容、教学目标和预期学习者。

（2）内容设计。在确定了目标之后，需要设计和规划课程内容，包括课程的主题、课程的结构、课程的活动等。这需要考虑课程的逻辑性和连贯性，同时也要关注学习者的兴趣和需求。

（3）课程制作。这个阶段主要是根据设计的课程内容来制作课程资源，包括录制视频、制作课件、编写教学材料等。同时，也需要制作一些互动元素，例如在线测验、讨论区等，以提高学习者的参与度和学习效果。

（4）课程发布。制作完课程资源后，需要选择一个合适的平台来发布课程，这可以是一个学校的学习管理系统（自建平台、超星），也可以是一个公开的在线课程平台，如智慧职教、学银在线等。

（5）课程维护和更新。在课程发布之后，还需要持续地维护和更新课程，包括回答学习者的问题、更新课程内容、改进教学设计等。同时，也需要收集和分析学习者的反馈和学习数据，以评估课程的效果，并据此进行改进。

在线课程开发需要教师具备一定的教学设计和技术应用能力，同时也需要教师能够持续地关注学习者的需求和反馈，以提高课程的质量和效果。随着教育技术的发展，课程开发工具和平台也在不断进步，使得教师可以更有效地开发和管理在线课程。

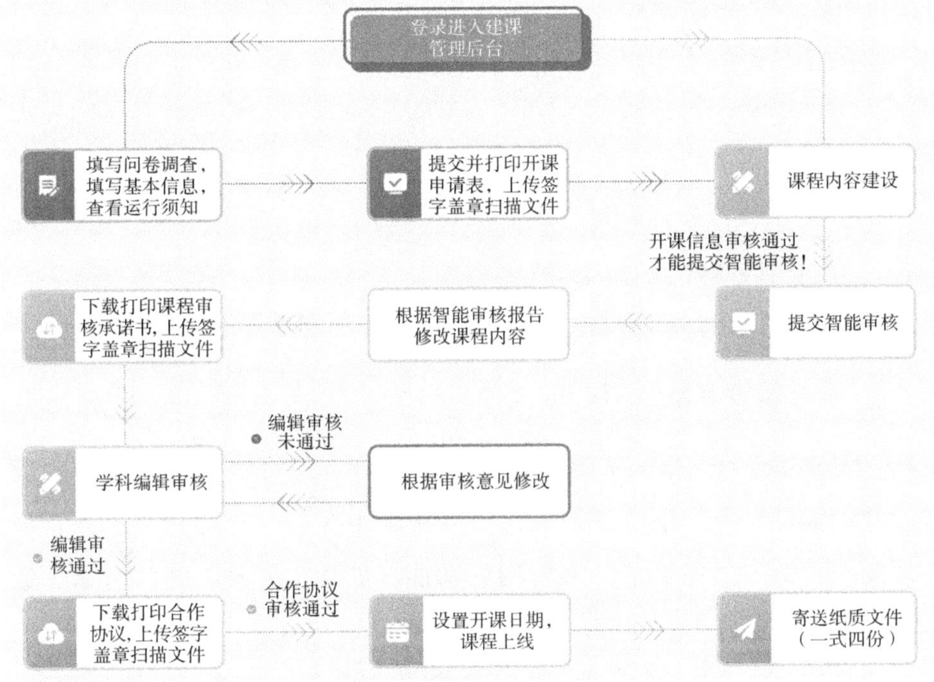

智慧职教平台开课流程

（六）在线课程构建技术

在线课程的构建涉及许多技术，包括内容管理系统（CMS），学习管理系统（LMS），虚拟学习环境（VLE），以及其他教育技术工具。

1. 内容管理系统（CMS）

内容管理系统（CMS）是用于创建、管理和优化数字内容的应用程序。CMS 是在线课程开发的关键因素，能够帮助教育者制作和发布在线课程的所有内容。这些系统的主要优点是易用性和灵活性，使非技术人员能够创建和管理网页内容。例如，WordPress 是世界上使用最广泛的 CMS，已被用于构建各种类型的网站，包括教育网站。它提供了一个用户友好的界面，可以帮助用户轻松地发布和管理内容。它还提供了许多插件，可以用来增加诸如测验、作业提交和评分等功能。同样，Joomla 也是一种流行的 CMS，它的特点是强大的功能和高度的可定制性。

CMS 是在线课程开发过程中必不可少的工具，通过它，教师可以轻松地上传和编辑课程内容，如教学视频、音频、图像、文本文件等，并能够进行搜索优化，以便学生能够轻松地找到他们需要的信息。

2. 学习管理系统（LMS）

学习管理系统（LMS）是一种专门为教育和培训设计的软件应用程序。它们提供了一个集中的地方，可以在其中存储、管理和传递教育内容。此外，LMS 还提供了许多有用的功能，如学生管理、在线考试、数据跟踪和报告、课程注册等。

常见的 LMS 如超星平台，它们都提供了丰富的功能，如课程管理、作业提交、在线测试、成绩管理、讨论论坛等。Moodle 提供了丰富的互动工具，如讨论论坛、实时聊天和维基百科，使学生可以互相交流和合作。Canvas 提供了一个简洁的用户界面和强大的移动应用，使学生可以在任何设备上访问课程内容。而 Blackboard 则以其强大的分析工具而闻名，可以帮助教师跟踪学生的学习参与度和学习进度。

3. 虚拟学习环境（VLE）

虚拟学习环境（VLE）是一种在线平台，它提供了教育机构和学生之间的交互，提供了课程材料，同时支持在线学习活动。VLE 通常包含课程管理工具，以及供学生和教师交流的工具，如论坛、聊天室和邮件系统。

VLE 是构建在线课程的关键技术之一，因为它们提供了学生和教师之间的交互平台。教师可以使用 VLE 来发布课程材料、布置作业、管理学生、评估学生的学习进度等。同时，学生可以使用 VLE 来获取课程材料、参与讨论、提交作业、接收反馈等。

4. 其他教育技术工具

在创建在线课程时，教师可能需要使用其他的教育技术工具。这些工具可以用于创建动态和互动的学习体验，或者用于评估和跟踪学生的学习进度和结果。例如，在国外 Adobe Creative Cloud 是一套包含了各种设计和创作工具的软件包，可以用来创建动态和富有吸引力的学习材料。Articulate Storyline 则是一款专门的电子学习课程创建工具，它可以帮助教师创建互动的在线课程。例如希沃平台，可以用来创建教育游戏，以增加学习的趣味性和参与性。对于学习评估和分析，Google Analytics for Education 可以帮助教师跟踪和分析学生的在线学习行为，从而更好地了解学生的学习情况和需要。此外，还有许多其他的在线评估工具。

这些工具提供了丰富的功能，可以帮助教师更有效地创建和管理在线课程，提供更优质的学习体验，更精准的学习评估，以及更有效的学习支持。

（七）国家职业教育在线精品课程观测指标

1. 否定性指标

维度	具体指标	观测点及方式
课程资格	课程与推荐申报类型不符	查看教务系统截图，核实是否专业人才培养方案的在线课程
	开设时间或期数不符合申报要求	查看课程平台运行情况，核实申报截止日期前是否完成至少两（学）期教学实践
	教材选用不合规	查看提交的材料，核实选用教材是否符合《职业院校教材管理办法》等有关要求
	课程基本信息明显不一致	查看教务系统截图，重点比对课程名称、授课教师、学时等有关说明材料
	课程线上教学资源无法打开	查看“提供的课程访问网址”
	课程内容存在政治性、思想性问题，以及科学性问题	查看提交的资料，核实是否存在重要意识形态问题或科学性问题
教师资格	团队成员存在师德师风方面问题	查看“团队成员政治审查意见”，以及提交的资料，或者举报属实
申报材料	申报材料造假	查看提交的材料，或举报属实
	发现且确认有侵权现象	查看提交的材料，或举报属实
平台资格	无工信部 ICP 网站备案、无公安机关网站备案号、无信息安全等级保护证书	查看提交的材料，或举报属实

2. 评议性指标

<table>
<tr><th>一级指标</th><th>二级指标</th><th>观测点及要求</th></tr>
<tr><td rowspan="2">课程设计</td><td>课程定位与目标</td><td>1. 落实立德树人根本任务，符合相应专业教学标准、人才培养方案、课程标准要求，课程性质明确，与前、后接续课程衔接得当。
2. 课程目标定位准确、条目清晰、内容具体、可评可测。
3. 公共基础课程注重打好科学文化基础、培养学生思想政治素质、学科核心素养；专业（技能）课程注重提升专业能力、掌握专业技能，培养学生职业道德、综合素养。</td></tr>
<tr><td>课程结构与内容</td><td>1. 课程内容组织与安排凸显职业教育类型特征，公共基础课程内容及时反映新知识；专业（技能）课程对接新产业、新业态、新模式、新职业，反映相关领域新技术、新工艺、新规范，体现行业企业参与特征，紧贴本专业相关技术领域职业岗位（群）的能力要求。
2. 落实课程思政要求，结合不同课程特点、思维方法和价值理念，挖掘课程思政元素，有机融入课程。
3. 课程内容完整、结构合理、逻辑清晰，学习单元划分合理、衔接有序、教学学时分配合理。申报课程不低于 32 学时。</td></tr>
<tr><td>课程建设</td><td>基本信息与规范</td><td>1. 课程基本信息完整，课程页面应包括配套教材、课程介绍、教学团队、相关教材、相关职业类证书等信息。
2. 课程页面布局合理、信息量适度、色彩搭配协调。
3. 导航清晰明确，符号规范。</td></tr>
</table>

（续表）

一级指标	二级指标	观测点及要求
课程建设	资源建设与应用	1. 课程资源以自主设计与开发为主，与课程内容相匹配、全覆盖，内在逻辑合理、内容完整精炼，能够满足学校教学和学习者学习需求，做到能学辅教；体现课程思政建设要求，体现行业发展的前沿技术和最新成果。 2. 课程资源类型丰富、内容多样，针对各模块知识点或技能点设置对应的授课视频、动画、虚拟仿真、演示文稿、测验和作业等多样的教学资源。 3. 科学规划在线学习资源，动画、视频、虚拟仿真等类型资源一般不少于 30%。
	成员构成与要求	1. 团队结构合理，师德师风优良，教学表现力和亲和力强，教学成果积累丰富，教学改革意识强，信息素养高。 2. 课程负责人原则上应具有副高级及以上职称，具有丰富的教学经验和扎实专业功底，在本专业领域具有一定影响力，同一课程负责人牵头申报一门课程。 3. 专业（技能）课“双师”型教师及企业兼职教师各具特色，团队主要成员须与课程平台显示人员一致，配备必要的助理教师。
	课程管理与保障	1. 学校在线课程管理制度和机构健全，已出台在线课程教学管理办法，对课程选用、教学、评价、督导和学分认定等进行规范管理，做到线上与线下课程教学同管理、同要求，有支持在线课程建设和实施的激励制度，提供人员、经费等保障。 2. 重视版权和知识产权等问题，与院校、企业、团队合作签署的知识产权保障协议（或书面约定）规范严谨、平等互利。 3. 教材选用合理，符合有关规定。引用资源规范，符合教学需求。

（续表）

一级指标	二级指标	观测点及要求
课程实施	教学组织与安排	1. 围绕学习任务，细化具体教学目标，合理把握教学进度、组织具体教学。 2. 科学设计教学模式，恰当进行课程导入，课程重点难点讲授准确全面，合理使用案例式、混合式、探究式等多种教学模式。 3. 出镜教师教学过程中仪态自然大方，语言表达清晰、深入浅出，注重教学互动、激发学生学习积极性。
	教学活动与过程	1. 各项教学活动完整、有效，教学过程可回溯，关注教与学全过程的信息采集，教学过程材料完整。 2. 合理使用信息技术手段创新教学模式，适合在线学习或混合式教学，能够激发学生学习兴趣和潜能。 3. 提供在线测试、即时在线反馈、作业提交和批改、网上社区讨论等学习支持服务，促进师生之间、学生之间进行资源共享、问题交流和协作学习，实现师生、生生的深度有效互动。
	学习考核与评价	1. 建立多元化学习评价体系，不断改进结果评价，强化过程评价，探索增值评价，健全综合评价。 2. 探索基于大数据的信息采集分析，全程记录和跟踪教师的教学和学生学习过程，形成教与学的正向反馈。 3. 平台至少完成两个教学周期的在线教学实践或两个学期的线上线下混合教学实践。课程建设过程中，不断完善课程考核评价机制，有效反思课程建设的经验与不足，教学诊断改进积极有效。

（续表）

一级指标	二级指标	观测点及要求
应用效果	教学效果与反馈	1. 学生适应在线学习方式，可以有效开展个性化学习与合作学习，对课程的参与度、学习获得感高，学习效果好。 2. 教师具有较强的信息化教学能力，教学团队配合默契，带动其他教育教学改革取得实质性成果。 3. 学生对教师教学以及课程的满意度较高。
	技术支持与服务	1. 各类教学资源应用充分，活跃用户数占课程注册使用人数的比例较高。 2. 在线课程教学管理责任有效落实，有效防范在线刷课、替课、刷考、替考行为。 3. 课程平台能够保障信息安全，同时满足提供开放用户身份数据，开放课程访问数据、学习行为数据以及相关运行数据等监管要求。
	课程示范与引领	1. 在教学和课程改革方面与同类课程相比显示了明显优势，具有推广价值。 2. 面向其他院校学生、企业员工和社会学习者开放学习，可供其他院校教师教学引用，用户使用活跃度高，应用效果良好、社会影响力大，认可度高。
特色创新	充分彰显职业教育类型特征，体现专业升级和数字化改造要求，能够较好解决职业教育传统教学中的短板问题，课程与教学改革理念具有原创性，教学实践效果显著，能够提供双语教学资源、进行双语教学等。	

五、虚拟仿真资源开发与应用

在2022年3月28日，“国家职业教育智慧教育平台”正式启动，这个庞大的平台由四个中心和众多专题模块构成，为全国的职业教育提供了全面的资源支持。截至2023年2月，四个中心均已投入使用，并成功整合了1173个国家级、省级专业教学资源库、6757门精品在线开放课程以及2222门视频公开课。这些资源为全国范围内的职业教育师资提供了强大的支持和帮助。2022年，有69.2万名教师和7200所职业院校通过该平台接受了研修。

实践教学是职业教育的核心，也是我们将数字化技术融入职业教育的重要环节。以往，“高投入、高难度、高风险及难实施、难观摩、难再现”的实训情境一直困扰着职业教育的发展，但现在，新兴的虚拟仿真、增强现实等数字技术改变了这一现状，为实习实训注入了新的活力。

在江西南昌的国家职业教育虚拟仿真示范实训基地，来自各地职业院校的学生通过戴上VR设备，就可以身临其境地体验酿酒制作工艺。这个实训基地包含28个专业群虚拟仿真教学实验中心，并提供了多人协同、头戴式虚拟现实等形式的实训设备，使得学生可以更好地进行实习实训。我们可以看到，虚拟仿真示范实训为职业教育的实习实训环节带来了深远的影响。它解决了实训项目投入大、周期长、高风险、难再现等实际困难，使得职业教育更加符合现实需求，更具效率和实效。目前，全国已经建成了1个国家级职业教育虚拟仿真示范实训基地和215个职业教育示范性虚拟仿真实训基地培育项目。

随着数字化技术的深入应用，越来越多的职业院校开始根据专业教学需求，开设智慧教室、虚拟仿真实验教学中心等数字化教学平台，创建了良好的数字化教学环境。部分院校甚至已经借助物联网、人工智能等先进技术，推出了“数字课程 + 电子教材”的教学模式，进一步提升了职业教育的数字化程度。

（一）虚拟仿真的定义

虚拟仿真，也被称为虚拟现实（Virtual Reality），是一种依赖于高科技手段的创新模式，旨在通过计算机技术将实际环境、事件和现象进行模拟重现。这种模拟的目的在于帮助用户更深入地理解事物的本质，更直观地观察和分析实验现象。虚拟仿真通过构建一个超越现实的三维虚拟世界，为参与者提供互动体验的机会。使用诸如键盘、鼠标、头戴式显示设备（Head Mounted Display，HMD）、运动捕捉装置等辅助传感设备，学习者可以在虚拟环境中探索仿真对象的行为和变化，从而实现强烈的沉浸感。

虚拟仿真的概念最早可追溯至 1935 年，当时美国科幻作家斯坦利·G. 温鲍姆在其小说《皮格马利翁的眼镜》中，描绘了一种可以为使用者带来全感官（视觉、嗅觉、触觉等）沉浸体验的虚拟现实眼镜。然而，真正系统性地描述虚拟仿真概念并应用在实践中的，要追溯到 20 世纪 60 年代。被誉为“计算机图形学之父”的伊凡·苏泽兰在 1965 年提出了虚拟仿真概念的基本思想，两年后，他又发明了世界上首个头部位置追踪系统，标志着虚拟仿真技术的起源阶段。1985 年，美国航天局（NASA）开发出了首个“完整”的虚拟仿真系统——VIEW，该系统在虚拟行星探测中提供了诸如手势、语音等交互方式。

进入 21 世纪，得益于计算机软硬件的高速发展，以及其他相关技术的成熟，虚拟仿真技术在各个领域得到了广泛应用和迅猛发展。无论是在医学、建筑设计、军事训练还是教育教学等多个领域，我们都可以看到虚拟仿真技术的身影。尤其在教育教学领域，它不仅为学生提供了生动、直观的学习环境，使理论知识得以形象展现，还能够让学生在安全的环境下进行实践操作，强化理论与实践的结合，从而提升教学效果。

（二）虚拟仿真资源建设的意义

虚拟仿真资源的建设标志着实验教学方法的革新。这种新型的教学方式，使我们不再受限于传统实验环境中常见的各种客观条件，比如物质资源的缺乏，设备的老旧等。在传统的实验教学中，由于这些客观条件的限制，教师常常只能通过口头讲解的方式来进行教学，而这种方式无法提供足够生动、直观的学习体验。虚拟仿真资源的出现，突破了这种依赖性，它为实验教学提供了新的可能性，以更加高效、灵活的方式满足实验教学的需求。

对于职业院校而言，虚拟仿真资源是教学资源的重要组成部分。虚拟仿真实验能够最大限度地利用虚拟仿真资源的优势，以三维立体和逼真的方式将实验过程完美地展示出来。这样的表现形式，让抽象的实验过程变得形象、生动，让复杂的实验操作变得直观易懂。借助虚拟仿真实验，教师可以更加生动地呈现实验过程和结果，让学生在虚拟的环境中体验真实的实验操作。这种方式不仅使实验教学变得更加灵活和实用，而且还极大地提升了学生的学习兴趣和动手能力。同时，虚拟仿真实验也减轻了教师的教学负担，成为他们得力的教学辅助工具。虚拟仿真资源的建设丰富了教学形式，提高了教学效率，增强了教学效果，为职业院校的实验教学注入了新的活力。通过将虚拟仿真技术应用于实验教学中，我们可以为学生创造出更加生动、真实的学习环境，提升他们的学习体验，促进他们的全面发展。

虚拟仿真资源的出现，不仅颠覆了传统实验教学的模式，更开创了一种全新的教学方式。这种方式在很大程度上改变了我们对教育和学习的认知，帮助我们在实验教学中实现了许多传统实验室无法实现的实验操作。虚拟仿真资源提供了多样化的实验环境。无论是复杂的实验，高危的实验，破坏性的实验，还是长周期的实验，都可以通过虚拟仿真平台以直观、安全的方式进行展示。在真实环境中，这些实验要么由于技术限制无法实施，要么由于安全问题无法操作，要么由于时间和资源限制无法完成。然而，在虚拟仿真环境中，这些问题都可以得到有效解决。虚拟仿真资源也能够完成设想性实验。这类实验是指那些基于理论假设或者科学设想的实验，由于现实条件的限制，在传统的实验环境中难以实现。然而，通过虚拟仿真资源，我们可以根据预设的参数和模型，进行各种设想性实验，不仅可以验证理论，还能进行各种创新性的研究。虚拟仿真资源扩充了实验内容。在传统的实验环境中，实验的内容往往受到硬件设施、经费、时间等多种因素的制约，而在虚拟仿真环境中，只需修改软件设置，就可以轻松改变实验的内容和条件，从而丰富实验的类型和内容，增加实验的深度和广度。虚拟仿真资源提高了实验效率。在虚拟环境中，学生可以按照自己的进度进行实验，不需要等待设备的空闲或者其他人的协助，极大地提高了实验的效率。同时，虚拟仿真实验还可以无限次地重复，学生可以通过多次实验，发现和改正错误，提高实验的精准度和成功率。

虚拟仿真资源的建设为高等教育培养创新人才打开了新的领域。通过结合最新的技术，如虚拟现实（VR）、增强现实（AR）和混合现实（MR），以及计算机模拟技术，它为实验教学提供了无限的可能性，从而大大提高了教师和学生的认知水平，提升了科研能力和教学质量。虚拟仿真资源建设以其独特的优势最大化地扩展了实验教学的深度和广度。在虚拟环境中，学生可以自由地探索和实验，这不仅使他们能够进行更深入、更广泛的学习，而且还激发了他们的好奇心和创新精神。无论是理论探索还是应用实践，他们都可以在安全、控制的环境中进行无尽的尝试，不受现实世界的限制。虚拟仿真资源建设通过精确的计算和模拟，大大减少了实验误差。在传统实验中，许多因素，如设备的误差、人为操作的误差、环境的变化等，都可能导致实验结果的不准确。然而，在虚拟仿真环境中，所有的参数都可以精确地控制和调整，使实验结果更加精确和可靠。虚拟仿真资源建设也可以提高教师和学生的认知水平。教师可以利用虚拟仿真资源来设计更有趣、更具挑战性的实验，使学生能够在解决实际问题的过程中提高其理解和应用知识的能力。同样，学生也可以通过互动和实验来提高他们的思维能力和解决问题的能力。虚拟仿真资源的应用也可以提升院校的科研能力和教学水平。在科研方面，虚拟仿真资源可以提供大量的数据和信息，为研究人员提供更多的研究思路和方向。在教学方面，虚拟仿真资源可以使教学活动更加生动有趣，提高学生的学习兴趣和效率。

（三）虚拟仿真资源的特点

交互性。在虚拟仿真实训中，交互性的重要性不容忽视。这种特性让学生有机会像在真实环境中一样与虚拟世界中的元素进行互动，包括操作、探索、改变等。这种交互不仅限于人与计算机，也包括人与虚拟环境中的其他人、物体或系统。由于虚拟仿真系统的交互性，学生可以更好地理解和把握知识，形成深刻的学习体验。

沉浸性。虚拟仿真资源的另一个核心特性是沉浸性，它让用户完全沉浸在虚拟环境中，体验一种真实的感觉。学生不再仅仅是旁观者，而是成为参与者，融入虚拟环境中，他们可以亲自操作、观察、体验，从而获得一种“身临其境”的学习体验。这种全身心的投入，使得学习过程变得更为生动、直观和具有吸引力。

构想性。构想性是虚拟仿真资源的另一大特性，它强调了虚拟仿真实训在提升学生的创新思维和解决问题能力上的重要作用。学生可以在虚拟环境中探索各种可能性，提出和验证自己的假设，从而深化对概念的理解，提升创新思维和解决问题的能力。这种在学习过程中动手操作、尝试和创新的经验，使得学习过程充满了乐趣和挑战性。

扩展性。与传统教育资源相比，虚拟仿真资源具有极强的扩展性和灵活性。教师可以根据教学目标、学生的学习需要以及行业的最新动态，随时修改和调整虚拟仿真实训的内容和结构。这种扩展性使得虚拟仿真实训资源始终能够保持与实际需求和技术发展的同步，为学生提供最新、最具价值的学习体验。

（四）虚拟仿真资源建设的挑战

在职业教育的实习实训过程中，虚拟仿真技术的应用日益受到重视，但其中也面临一些显著的挑战。其中，教师在专业知识和技术应用之间的平衡就是一个主要问题。

有一类具备丰富专业知识但技术应用能力相对薄弱的教师，这些教师在自己的专业教学领域内有深厚的造诣，但对于虚拟仿真实训课程实施的相关技术不甚了解，可能会遇到制作课程资源和实施教学的困难。由于虚拟仿真实训课程的资源制作需要一定的计算机编程技术支撑，因此，他们可能难以独立完成相关任务。同时，对于这类教师来说，他们可能也难以在繁忙的教学任务中抽出大量的时间进行相关技术学习。

另一方面，一些专业技术人员在实际应用中遇到的问题。他们具备较强的技术能力，但对于相关专业的了解可能比较有限。在与教师的沟通过程中，可能出现理解不深入、难以达成共识的情况。这样的技术服务人员可能无法将技术与专业需求更高效地结合，从而降低了项目的执行效率。

这两个问题都揭示了教育技术领域一个核心的挑战，那就是如何将专业知识与技术应用有效地结合起来。为了解决这个问题，我们可能需要建立更加完善的协作机制，让专业教师和技术人员能够更好地进行交流和合作。同时，也需要教育部门和相关企业提供更多的支持，包括课程策划、实训实践、教改科研等全方位的支持，以提高虚拟仿真实训课程的质量和效率。

（五）设计理念

在虚拟仿真资源建设的进程中，职业院校与行业优秀企业的紧密合作是至关重要的。此类合作不仅可以创造出具有高度实用性和科学性的虚拟仿真资源，而且能够保证这些资源能够满足行业最新的技术需求和发展趋势，为人才培养提供有力的支持。职业院校和企业之间的合作可以体现在共研共建的过程中。职业院校有丰富的教学理论和实践经验，能够从教学的角度出发，确定虚拟仿真资源的需求和目标，同时，企业则拥有行业前沿的技术知识和实际操作经验，可以从业务的角度出发，提供行业实际需求的反馈，以及必要的技术支持。通过双方的共同努力，可以研发出满足人才培养需求和能力导向的虚拟仿真资源。共研共建过程中应该坚持共享开放的原则，致力于开发高精尖、现代化、职业化及实用化的实验资源。这需要学校和企业将各自的资源和优势进行整合，打造出能够适应行业发展，满足教学需求的实验资源。例如，学校可以提供丰富的理论知识和教学经验，企业则可以提供先进的技术和设备，以及行业实际的需求和反馈。这种共享开放的模式可以实现资源的最大化利用，提高虚拟仿真资源的开发效率和质量。职业院校应与知名企业共同研究开发虚拟仿真实验软件，结合实体实地实验教学资源，共同打造“一体两类四层多功能平台”的虚拟仿真实验资源体系。这种“一体两类四层多功能平台”的体系，可以为学校、企业、学生提供一个共享、协作、交互的平台，使他们能够共同参与各类虚拟仿真的设计和开发，提升虚拟仿真资源的实用性、职业性和科学性。

虚拟仿真资源通过利用现代计算机科技和通信技术，实现了对实验环境和实验过程的高度模拟，大大提高了实验的效率和准确性。在此过程中，“理论、实体、虚拟”相结合的理念起到了核心作用，保证了虚拟仿真实验的实质性和科学性。理论知识是实验的基础，它为实验的设定和结果解释提供了理论支持。实体实验是实验的真实操作，它确保了实验结果的实用性和可行性。虚拟仿真则是对实体实验的高效复制，通过精确的模型和算法，实现了实验过程的自动化和智能化。这三者的结合，确保了实验的科学性、实用性和高效性，使学习者能够在理解理论知识的基础上，通过实验实践，学以致用、学以创新、学有所成。

“理实结合，虚实结合”的原则是实现虚拟仿真实验的关键。理实结合意味着理论知识和实践操作的结合，它强调的是知识和技能的统一。虚实结合则强调的是虚拟仿真和实体实验的结合，它旨在通过虚拟仿真技术，实现对实体实验的高效复制，从而提高实验的效率和准确性。在实施层面，虚拟仿真资源能够实现远程操作，通过企业开放的共享实验资源，学习者不仅可以在任何地方进行实验，而且还能够得到和实验室操作相同的实训效果。此外，通过智能设备或手机 APP，学习者还能够与指导实验的教师实时交流，得到及时的指导和反馈。这使得虚拟仿真资源的使用具有了更高的效率、更大的延展性和更长的持续性。

在新的科技潮流面前，虚拟仿真资源的设计与开发要以产业结合、创新实验、自主研究为核心。借助先进的虚拟仿真技术，我们可以模拟出真实的工作环境，为职业教育提供了一种革新的实训方式。此类资源设计应立足于现实的社会需求和行业发展趋势，突出实践教学在职业技能教育中的核心地位。现实中的工作场景和任务被虚拟化，为学生提供了一个更接近真实的学习环境。这样的环境促使学生将理论知识与实践技能相结合，以解决实际的问题，从而培养出适应产业发展需要的人才。创新实验和自主研究是推动虚拟仿真资源设计的动力。利用虚拟仿真技术，可以设计出一些传统实验室难以实现的新颖实验，激发学生的探究精神和创新思维。同时，学生也可以在虚拟环境中进行自主研究，发现并解决问题，以增强其研究能力和解决问题的能力。虚拟仿真资源的设计还应注重项目转化、实践转化和成果转化。虚拟仿真实验项目应能有效地转化为实际应用，满足社会和行业的需求。此外，虚拟仿真资源的开发还应注重与现实的工作实践相结合，使实验结果能够应用到实际的生产和工作中。这一转化过程不仅可以增强学生的实践能力，还能促进社会经济的发展。强调校企合作、领域拓展、资源共享的原则，是实现虚拟仿真资源有效应用的重要途径。学校和企业的紧密合作可以共同推进虚拟仿真资源的开发和应用，而资源的共享可以使更多的学生和教师受益，进一步扩大虚拟仿真技术在教学和研究中的应用范围。

（六）虚拟仿真资源分类

1. 技术操作类

在这类资源中，虚拟环境会模拟具有特定设备和工具的工作环境，例如，一个飞机驾驶舱或者一个实验室。这些环境可以模拟真实的工作情境，并能够让学习者进行各种操作，比如机械维修或化学实验。同时，虚拟仿真环境提供了安全性，学习者可以不受任何实际危险的威胁，尝试各种可能的操作并从错误中学习。此外，这种类型的资源还能提供即时反馈，帮助学习者理解操作是否正确，以及如何改进。

2. 问题解决类

这类资源模拟各种可能出现的问题场景，例如，在一项工程设计中可能会出现的各种挑战，或者在进行项目管理时可能遇到的各种困难。通过模拟这些情景，学习者可以在虚拟环境中尝试不同的策略和方法，以寻求最佳的解决方案。这类资源的优点在于它们可以提供大量的实践机会，允许学习者通过“学习—实践—反馈”的循环来提高其解决问题的能力。

3. 创新思维类

这类资源强调提供足够的自由度，让学习者可以进行各种创新实验，例如，设计新的产品或尝试新的科研方法。在这些资源中，学习者不仅可以在仿真环境中自由探索，还可以改变虚拟环境的规则，以激发他们的创新思维。这种类型的资源有助于培养学习者的创新能力和批判性思维。

4. 社交沟通类

社交沟通类的资源通过模拟各种社交场景（如团队合作、商务谈判、客服等）来提高学习者的社交和沟通技巧。这些模拟可以涵盖面对面的对话，也可以模拟在虚拟团队中的异地协作。通过这些模拟，学习者可以学习如何有效地表达自己的观点，理解他人的观点，解决冲突，以及如何建立和维护有效的人际关系。

5. 管理决策类

管理决策类的虚拟仿真资源可以模拟各种复杂的组织环境，如公司、医院或学校等，其中包含各种内部和外部的压力和挑战。在这种环境中，学习者可以尝试各种管理和决策策略，并立即看到他们的决策如何影响虚拟环境的状态。这样的模拟有助于学习者理解如何做出有效的决策，以及如何处理各种组织和管理的问题。

在实际应用中，这些分类并不是孤立存在的，而是相互交织的。在一次虚拟仿真实训中，学习者可能会同时接触到多个领域的挑战，比如在一个团队项目中，他们需要展示出技术操作、解决问题、创新思维、社交沟通和管理决策的能力。因此，一个有效的虚拟仿真资源应该能够提供一个综合性的环境，让学习者能够在这个环境中全面发展和提升自己的职业能力。

（七）虚拟仿真实验开发流程

虚拟仿真实验开发流程是一种系统化的方法，它涵盖了从构思到实施的所有步骤。

1. 实验模型建立

在虚拟仿真实验中，首先要进行的是实验模型的建立，这是整个虚拟仿真实验的基础。

（1）实验场景搭建。实验场景的搭建是虚拟仿真实验中的重要步骤，它为接下来的实验提供了环境。通过三维建模技术，我们可以在计算机上构建出与实际环境相仿的虚拟场景。这个场景需要尽可能接近真实情况，包括场景的大小、形状、颜色，以及场景中包含的物体等，从而使得用户能够在更接近真实的环境中进行实验。

（2）功能指令编辑。功能指令是控制虚拟仿真实验模型行为的指令，它们定义了模型的各种行为和反应。通过编辑功能指令，我们可以让虚拟模型按照预设的规则进行运动、变形等，从而模拟实际物体或系统的行为。这通常需要一定的编程知识，因为功能指令的编写涉及数据处理、逻辑判断等。

2. 触发指令配置

在模型和场景建立好之后，接下来要进行的是触发指令的配置，以便能够控制模型的行为。

（1）模型建立。在这一步骤中，我们使用专门的软件工具来创建实验模型。模型应该是对实际物体或系统的精确表示，包括其外观、属性、行为等。这要求开发者对实验对象有深入的了解，并能够将这些了解转化为计算机能够理解的形式。

（2）模型渲染。模型渲染是将三维模型转化为可以在屏幕上显示的二维图像的过程。在渲染过程中，需要考虑光线的照射、材质的质感、纹理的细致度等多种因素，以使得渲染出来的图像看起来尽可能真实。

3. 模型方位调整

当模型和触发指令配置完成后，接下来是对模型的方位进行调整。

（1）实验环境布置。在虚拟环境中，我们可以自由地调整物体的位置和方向。这需要根据实验的目的和需求来进行，例如，如果实验需要模拟物体的运动，那么我们就需要将物体放在合适的位置，使得它能够按照预期的轨迹进行运动。

（2）物体运动指令。这是一种控制模型行为的方法。通过编写物体运动指令，我们可以让模型按照预定的方式进行移动或旋转。这同样需要编程知识，同时也需要对物理学有一定的理解，因为物体的运动通常需要遵循物理定律。

（3）实验辅助指令。除了模型的主要行为之外，还有一些辅助的功能也是很重要的。例如，显示数据的指令可以让用户直观地看到实验的结果，控制时间流逝的速度的指令可以让用户在不同的时间尺度下观察实验，保存实验结果的指令可以让用户保存他们的实验数据等。

4. 变量信息编辑

在虚拟仿真实验中，还需要编辑一些变量信息，以便能够更好地控制和观察实验。

（1）触发指令编辑。触发指令是一种特殊的功能指令，它与模型的状态或用户的操作有关。例如，我们可以设置当模型达到某个条件时，触发一个事件，这个事件可能是显示一些信息，也可能是改变模型的行为。

（2）外部设备。在一些复杂的虚拟仿真实验中，可能会使用到外部设备，例如 VR 头盔、手套、运动捕捉设备等。这些设备可以提供更真实的用户体验，例如，VR 头盔可以让用户感觉自己就在实验现场，运动捕捉设备可以让用户用自己的身体来控制模型的行为等。

虚拟仿真实验开发流程是一种系统化的方法，它可以帮助我们更有效地进行虚拟仿真实验的开发。

六、大型语言模型

自 20 世纪 50 年代艾伦图灵提出了图灵测试以来，这一挑战性的命题就引领了人类对机器理解和生成语言的无尽探索。语言，作为一种独特的人类表达系统，复杂且丰富，受到了多层次、多样性的语法规则的束缚。语法规则的复杂性不仅体现在词汇和句法结构的层面，还包括了词义、时态、语气、方言、俚语甚至是隐含的文化含义。因此，开发出一种能够理解，熟练使用，甚至能够在特定环境下创造语言的 AI 算法，无疑是一项极具挑战性的任务。过去的二十年，语言建模方法的出现和发展为我们提供了一条新的解决路径。早期的统计语言模型主要基于概率和统计规则来理解和生成语言，比如 N – Gram 模型。然而，这些模型往往忽视了语言中的长距离依赖性，对于复杂的语言现象也很难处理。随后出现的神经语言模型，如循环神经网络（RNN）和长短期记忆网络（LSTM），能够在一定程度上捕获语言的长距离依赖性，对于语言建模有了较大的提升。

最近几年，研究人员在大规模语料库上预训练 Transformer 模型，产生了一系列强大的预训练语言模型（PLMs）。这些模型可以被微调，用于解决各类自然语言处理（NLP）任务，如情感分析、命名实体识别、问题回答等，显示出了强大的能力。而且，研究人员也发现，通过增大模型规模，可以进一步提升其性能。当模型的参数规模超过一定的水平后，这些更大的语言模型不仅实现了显著的性能提升，还出现了在小型模型中所没有的能力，比如深度的上下文理解、更准确的推理能力等。这些进一步优化和扩展的模型被称为大型语言模型（LLMs）。

自 2019 年谷歌推出的 T5 模型开始，到后来 OpenAI 的 GPT 系列，LLMs 的规模一直在急速增长。这些具有数十亿，甚至数千亿参数的模型，在语言理解和生成的各个方面都取得了显著的进步。特别是去年 11 月底推出的对话型大型语言模型 ChatGPT，它引起了广泛的关注，其自然的生成文本、准确的回答以及人类级别的对话能力都让人深感震撼。

大型语言模型的研究和应用不仅在学术界引起了广泛的讨论，也在工业界掀起了一场革新。这些模型不仅能处理复杂的语言任务，还在一定程度上促进了 AI 技术的民主化，使得更多的企业和个人能利用这些模型开发出各种应用，如智能客服、智能助手、文本生成等。大型语言模型的发展，正在彻底改变我们开发和使用 AI 算法的方式，它的影响深远，影响范围广泛。

（一）关于教育的大型语言模型的机遇

ChatGPT 作为自然语言处理和大型语言模型领域的新一代技术，尽管其潜力巨大，但仍然是一个处于快速演进和改变之中的新兴事物。要全面理解并准确把握它的本质、内涵，以及其对学校教育和社会发展的深远影响，我们必须将其置于教育科技历史的宏大画卷中进行审视。我们需要认识到，ChatGPT 并非凭空产生，它是人工智能发展史中一项重要的里程碑，是在机器学习、自然语言处理等多个学科的不断深化和交叉的背景下产生的。同时，它的发展和成果也受到了大数据技术、云计算等相关技术的助推。因此，要想深入理解 ChatGPT，就需要将其看作是教育科技历史中的一个重要节点，而非孤立存在的新型工具。

教育科技的历史是一部教育不断追求和接纳新科技的史诗。在这个历史轨迹中，激进派和保守派之间的争论如潮水般永不休止。新技术的引入无疑可以提供更高效和便捷的教学方式，提高教育资源的普及性和可达性，从而改善教学质量。这些新技术使学习变得更有趣、生动和灵活，进一步推动了学生的全面发展和个性化成长。一台个人电脑，一款智能手机，或一款如 ChatGPT 这样的人工智能模型，都可能改变学习的方式，使教育脱颖而出。然而，新技术的出现也带来了许多问题和挑战。有人担心，新技术的引入可能会改变教育的传统模式，可能会破坏教育的人文内涵、感性体验和人性化。有人担心，过度依赖科技可能会导致学生失去自主学习和独立思考的能力，可能会削弱他们的创造性。还有人担心，新技术可能会加剧教育中的不平等，尤其是当新技术的成本过高，或者其技术要求超出了学校和学生的能力范围时，可能会加大教育资源的不均衡分配。

在技术哲学的学派中，价值中立论持有相当重要的地位。价值中立论主张技术本身并不具有道德价值，道德价值的判定源自人对技术的应用与使用。正如 David Wong 的观点："新技术本身并无好坏之分，关键在于人们如何选择使用它。"这个观点并不是说技术是无辜的，或者人们可以无限制地使用技术。相反，价值中立论强调的是，技术的使用者需要对使用技术的方式及其后果负责。换句话说，当我们采用一种新的技术，如大型语言模型 ChatGPT 时，我们必须清楚我们是如何使用它的，为何使用它，以及可能的影响和后果。我们使用大型语言模型的目的是什么？我们使用它是否符合我们的道德和伦理价值？我们使用它的方式是否会对社会、环境或他人产生正面或负面的影响？我们是否考虑到了所有的可能后果，包括预期的和未预期的？我们是否已经做好了准备，以便在出现问题时进行纠正？这些问题需要我们在引入和使用新技术时进行深思。这也需要我们持续地反思和审查我们的行为，因为只有这样，我们才能确保我们的技术使用是负责任的，并且符合我们的道德和伦理价值。对于教育者来说，这也提供了一种教育方法，可以让学生理解和体验到，技术不仅仅是工具，更是实践我们价值观的手段。

返回到“大型语言模型”这一议题，要断定它是不是学校教育的朋友，或者是学生和老师的敌人，实际上这要取决于我们的观点、立场以及我们的目标和意图。然而，我们需要深入探讨的关键问题应该是：大型语言模型能在教育领域做出怎样的贡献，它能以什么方式助力教师和学生？

（二）大型语言模型在教育领域面临的挑战

GPT－4 模型经过深度训练后，展现出了其强大的标记及协助人类专家进行人工审查学习成果的能力。这种模式下，专业人士（教师）可以审阅并给予认可模型生成的问题，这一实践极大地推动了大型语言模型在数据科学教育领域的使用。学生们通过同行评审，互相学习和评估彼此的解决方案，特别是在这种反馈全面且高质量的条件下，他们的学习效果尤其显著。在语言教育的最新研究中，对话式人工智能已经找到了五个主要的应用场景。最典型的一个场景是使用大型语言模型作为对话伙伴进行语言实践，无论是书面还是口头的形式，如在特定任务导向的对话中提供发音练习的机会。此外，当学生体验到外语学习的焦虑或沟通意愿降低时，对话式人工智能能够提供必要的支持。在小学生词汇学习的过程中，对话式人工智能可以扮演需求分析师和评估者的角色，为学生提供实时反馈。研究发现，与传统的思维导图引导的聊天机器人相比，生成式（大型语言模型）人工智能聊天机器人在为学生的语言学习过程提供支持方面表现得更好。

然而，与其他行业，如工业应用、金融、电子商务、汽车和医疗等相比，教育领域采用人工智能的速度仍然相对较慢，使用大型语言模型进行教育的研究相对较少。近期一项对聊天机器人在教育领域的机遇与挑战的综述指出，有关聊天机器人在教育领域的研究尚处于初级阶段，对于有效学习设计或学习策略的实证研究极其有限。

尽管教师对人工智能在教育中普遍应用的态度与前文提到的对聊天机器人的态度存在许多共性，但结合不同社区的专业知识，负责任地将人工智能融入教育至关重要，大型语言模型在此过程中可能面临挑战。

1. 欺诈和剽窃问题

在学术领域，欺诈和剽窃行为始终是一个重要问题。众多教育机构对此都有严格的管理制度，但许多机构的学术诚信政策中尚未考虑到人工智能辅助的相关因素。事实上，许多学生在完成学术作业时已经开始利用这些人工智能工具，然而他们并没有公开透露这一行为。在这种情况下，如何对待这些使用人工智能的学生，以及如何纠正和处罚他们的行为，成为教育者必须面对的问题。在解决这些问题时，教育者将对人工智能的使用情况进行严肃对待，以便在教育和学习的过程中营造公平和诚实的氛围。每个教育机构都需要以对他们的教育工作者和学生有意义的方式和时间表来解决这些问题。这可能包括提前设定并公布对于使用或禁用人工智能技术的期望值和规定，然后在学生违反这些规定时，采取恰当和公正的惩罚措施。然而，任何处理这类问题的方式都需要谨慎考虑。我们必须意识到，虽然人工智能可以帮助学生完成学术作业，但这并不能替代他们真正理解和掌握知识的过程。因此，在应对这个问题时，教育者的目标应该是鼓励学生真正理解他们的学习内容，而不仅仅是完成作业。此外，面对人工智能辅助学术欺诈和剽窃的问题，教育机构也可以利用人工智能进行更有效的检测和防范。例如，利用大数据和机器学习技术，可以识别出哪些可能是通过人工智能生成的作业，帮助教育者及时发现和处理这种情况。面对人工智能带来的学术诚信挑战，教育机构需要进行深思熟虑并做出有策略性的决策，以确保教育的公平性和学术的诚信性。

2. 观点引导与偏颇问题

大型语言模型，尽管在众多方面都展现出了其独特的优势，但在应用过程中，我们也必须警惕其可能带来的负面影响，尤其可能放大对社会的偏见和不公平。模型的学习和生成都是基于大量的文本数据，如果这些数据在某种程度上体现了社会的偏见或歧视，那么模型很可能会在学习过程中吸收并在应用中复现这些问题，这将对教学和学习的过程及结果产生负面影响。如果模型的训练数据主要来自特定的群体，那么在模型生成内容时可能会过分倾向于这个群体的观点，对其他群体的认知则可能出现偏见或者歧视。特别是在处理与少数民族或边缘文化相关的主题时，这种情况可能会更加明显，导致这些群体的知识和文化在模型生成的内容中被边缘化或者忽视。在应用大型语言模型的过程中，我们必须谨慎对待训练数据的选择和使用。尤其是在微调模型用于特定任务时，我们应尽可能确保训练数据的多样性和代表性，避免因为数据的偏见导致模型的生成内容产生偏差。

大型语言模型的应用也可能对学生的思维方式产生影响。这些模型可以轻松地生成各种各样的信息，可能会使学生过分依赖模型的生成结果，而忽视了批判性思维和解决问题的能力的培养。

我们应当充分认识到大型语言模型在应用过程中可能存在的问题，并积极寻求解决办法，确保其在教育中的应用可以最大程度地发挥优势，而不是加剧现有的问题。这需要我们不断地研究和探索，以期达到人工智能和教育的更好融合。

3. 学习依赖性问题

大型语言模型在简化信息获取的过程中，虽然为学习者提供了方便，但也可能培养出依赖性，削弱了学习者的独立探索和形成自身观点的动力。这是因为这些模型能够快速地生成答案或者信息，学习者可能会陷入便捷的陷阱，不再愿意深入研究和探索。为了降低这种风险，我们需要更加全面地认识大型语言模型的局限性，将其看作是支持和增强自身学习的工具，而非替代人类或其他权威来源的绝对权威。这需要我们不仅关注模型的优点，也要看到其潜在的问题，以免误导学习者。

具体的缓解策略包括：提高对大型语言模型及其通用人工智能系统局限性和潜在脆弱性的认识。也就是说，通过实验和探索，建立对模型工作原理和限制的深入理解。鼓励学习者利用语言模型生成各种可能的假设，探索不同的观点，而不仅仅是生成最直接的答案。这样可以帮助学习者养成批判性思维，而不是完全依赖于模型的输出。倡导学习者利用其他教育资源，如书籍、文章等权威来源，来评估和确认模型提供的信息的准确性。这是因为，虽然大型语言模型能够生成丰富的内容，但并不意味着这些内容都是完全准确的。因此，鼓励学习者对模型生成的内容持有质疑态度，是非常重要的。

要充分利用大型语言模型在教育中的优势，也必须充分认识其潜在的问题，采取适当的策略，既发挥其辅助学习的作用，又避免其可能带来的不良影响。

4. 扩大负面影响

大型语言模型，如 ChatGPT，可能会在其生成的内容中延续和扩大有害的偏见和刻板印象。这些偏见和刻板印象可能在某些情况下以微妙的方式出现，难以察觉。特别是当这些模型被用于教学环境中，可能会无意间强化对某一群体的偏见或刻板印象。例如，这些模型可能倾向于反映出以西方观点为中心的内容，甚至在某些语言，如英语上，表现出更好的性能。

这些问题可能只是揭示出大型语言模型在教育领域中潜在问题的冰山一角，但这足以引起我们的警惕。尽管教师们已经利用这样的模型，如 ChatGPT，帮助创建作业或提供对学生论文的评价，但我们不能过分依赖这些工具，或错误地认为它们是完美的评估工具。相反，教师们需要谨慎地审查模型的输入和输出，并明确告知学生在哪里使用或依赖了人工智能系统。

对于学生来说，他们需要学会在大型语言模型如ChatGPT等智能工具盛行的环境中找寻自我成长的方向。这不仅包括了学习新的技能以及如何有效地使用这些语言模型，同时也要理解这些模型的限制和可能的失败模式。如此，我们才能在充分利用这些强大工具的同时，避免受到其潜在的负面影响。

将大型语言模型融入教育领域具有巨大的潜力。这种尖端技术不仅能够提升学生的学习体验，为他们提供个性化的学习路径，还能赋能教师，以高效的方式管理和评估学习进程。然而，尽管这些模型的优势明显，我们必须谨慎对待其可能存在的局限性和偏见。AI模型的处理能力虽然强大，但它们依然缺乏对语境和含义深层理解的能力，而这在教育领域是至关重要的。同时，模型的训练数据可能潜藏偏见和歧视，这需要我们通过严格的控制和纠正机制，避免这些偏见在模型的输出中得到体现。在整合大型语言模型到教育实践的过程中，我们必须遵循严格的隐私、安全和可持续性标准，满足环境、监管和伦理要求。我们要确保学生的个人信息和学习数据得到保护，避免其被滥用。同时，我们也要保证模型的运行安全，并注意其对环境的影响。

尽管AI技术的发展为教育带来了全新的可能性，但人类的角色仍然至关重要。教师需要监测和指导学生的学习过程，以及评估和改进模型的性能。这需要长期而持续的努力，我们通过不断的尝试和改进，以使大型语言模型更好地服务于教育的目标。

第六章

中职教师队伍数字素养培养

随着科技的飞速发展和数字化趋势的加强，中职教师队伍的数字化素养成为教育教学中一个必须关注的重要议题。这涵盖了教师对于数字技术的理解和掌握，包括但不限于电脑操作、网络技术、教育软件的应用，以及各类新型数字工具的使用等。此外，数字化素养还要求教师能够在数字化环境下设计并实施教学活动，利用数字工具提高教学效果和教学质量。中职教师需要具备良好的数字工具操作能力，这不仅包括基础的计算机操作技能，更包括对各种教育软件、数字化教学平台和互联网资源的熟练应用。例如，能熟练使用教育信息化管理系统，能够使用网络资源开展教学设计，能运用在线互动工具开展教学活动等。

中职教师需要理解数字技术在教育教学中的价值，能够在教学设计和实施过程中有意识地引入和利用数字化技术。例如，利用虚拟仿真、AR/VR、人工智能等技术提高教学的生动性和实效性，运用大数据、学习分析等技术进行学生学习情况的跟踪和反馈等。中职教师需要具备在数字化环境下进行教学研究和创新的能力。这包括运用数字技术进行教学反思和教学改进，探索新的数字化教学模式和策略，参与和推动教育信息化和教育创新的发展。中职教师需要具备在数字化环境下进行有效的教学管理和学生引导的能力。如利用数字化平台进行课堂管理，运用网络技术开展学生学习行为的指导和管理，引导学生健康使用数字工具和网络资源，提升学生的自主学习能力和创新思维能力等。

一、教师数字素养

数字素养已经成为当今教师必备的专业技能之一，它包含了教师在教育教学活动中，适当运用数字技术获取、处理、利用、管理和评价数字信息和资源的能力。这种素养不仅涉及教师对数字技术的使用技巧，更重要的是需要教师有关于数字技术如何能够有效改进教育教学过程的深刻理解。教师需要有效地利用数字技术来获取并处理教育教学信息和资源。这包括搜索和筛选网络上的教育资源，利用数字工具来分析和处理学生的学习数据等。教师需要掌握如何使用和管理数字资源来优化教育教学过程。这意味着教师需要熟悉各类教育技术工具，能够利用这些工具为学生提供个性化的学习体验，同时也需要能够妥善管理这些数字资源，以确保其在教学中的有效使用。教师应具备通过数字技术来创新和改革教育教学活动的能力。这不仅需要教师具有良好的创新思维，同时也需要他们具备批判性思考，能够对教学方法进行评价，发现存在的问题，并通过使用数字技术来解决这些问题。

教师数字素养还涉及对其自身在教学过程中的责任认识，包括保护学生的数据隐私，推广健康的网络习惯等。

教师数字素养包含五个一级维度，分别为：数字化意识、数字技术知识与技能、数字化应用、数字社会责任、专业发展。每个一级维度由若干二级维度、三级维度组成。

（一）教师数字化意识

1. 数字化认识

随着科技的发展，数字技术已成为经济、社会甚至教育发展的关键驱动力。理解数字技术在这些领域中的价值和意义，不仅对于我们理解现代社会的运作模式至关重要，而且对于教育者来说，也是提升教育质量、推动教育创新的重要途径。数字技术引发了国际数字经济的竞争发展。它能够提升生产效率，降低交易成本，提高服务的质量和效率，从而推动经济的增长。比如，电子商务、数字金融等领域的发展，都得益于数字技术的应用。因此，拥有先进的数字技术，能够提升一个国家在全球经济中的竞争力。数字技术也对教育的发展产生了深远的影响。它推动了教育的数字化转型，不仅改变了教学方式，也影响了学习方式。如在线教育、远程教育的普及，使得学习的时间和空间变得更加灵活，为更多人提供了接受教育的机会。而数据分析等技术的应用，也能够帮助教师更好地了解学生的学习情况，提供更个性化的教学。因此，数字技术在教育中的应用，对提高教育的效率和质量，实现教育公平，具有重要的意义。

数字技术的发展正在深刻地影响教育教学领域，它带来了巨大的机遇，同时也提出了新的挑战。

数字技术正在推动教育创新发展。比如，教师可以利用在线资源和工具进行教学，提高教学的效率和质量；学生也可以利用数字设备进行自主学习，增强学习的主动性和自由性。此外，大数据、人工智能等技术的应用，可以帮助教师更好地了解学生的学习情况，提供更个性化的教学服务。因此，数字技术对于提升教育的效率和质量，实现教育创新，具有重要的推动作用。

然而，数字技术的发展也带来了挑战。一方面，数字技术的应用需要教育者对教学理论、教学模式、教学方法进行创新。比如，传统的面对面教学模式可能无法适应在线教育的需要，需要教育者探索新的教学模式；同时，如何有效地使用数字技术进行教学，如何处理大量的教育数据，这些都需要教育者进行学习和探索。另一方面，数字技术的应用也可能带来伦理道德方面的问题。如何保护学生的数据隐私，如何确保数字技术的公正使用，如何防止数字鸿沟的产生，这些都是需要教育者关注的问题。

2. 数字化意愿

教师在教育教学中的数字素养，不仅体现在理解数字技术的价值和影响上，更体现在主动学习和使用数字技术的意愿上。这种意愿源于对数字技术的了解和认可，以及对其在教育教学中潜在价值的认识。教师需要主动了解数字技术资源的功能和作用。比如，教师应该了解各种在线教育平台的运作模式和使用方法，了解如何利用数字工具进行课程设计和教学活动，了解如何利用数据分析来评估学生的学习效果等。这些知识的获取，需要教师主动学习和探索，以保持与数字技术发展的步伐同步。教师需要有在教育教学中使用数字技术的愿望。这种愿望源于教师对数字技术在教育教学中的价值的认识，如提高教学效率，促进学生的个性化学习，提高教育的质量和公平性等。只有当教师认识到这些价值，他们才会愿意将数字技术应用到教育教学中。

然而，愿望并不等同于行动。因此，教师还需要理解，合理使用数字技术资源是推动教育高质量发展的重要手段。数字技术不是万能的，它的应用需要教师具有一定的理论知识和实践经验，需要教师根据教学目标和学生的实际情况，选择合适的技术资源和教学方法。

数字技术的发展为教育教学提供了无限的可能性，而教师作为教育的重要参与者，其开展教育数字化实践、探索和创新的能动性至关重要。教师应具有实施数字技术与教育教学融合的主动性。这不仅要求教师有深入理解和使用数字技术的技能，更需要他们主动探索如何将这些技术与教学目标、教学内容、教学方式有机结合，以提高教学质量和效率。这可能涉及教学设计的改革，如如何将数字工具融入课程设计，如何利用数字平台进行教学交流，如何利用数据分析对学生学习进行评估等。教师应愿意开展教育教学创新实践。在数字化时代，教育教学的方式和形式都在不断地发生变化，这要求教师能够勇于尝试新的教学方法，不断探索适合自己、适合学生的教学模式。这可能需要教师跳出传统教学的框架，尝试例如反转课堂、项目化学习等新的教学方式，以促进学生的主动学习和深度学习。教师的这种能动性不仅能够推动教育教学的创新和发展，也是他们自身专业成长的重要体现。在探索和实践的过程中，教师能够提升自己的数字素养，增强教学能力，更好地适应和推动教育的数字化进程。

3. 数字化意志

在教育数字化实践过程中，教师可能会遇到各种各样的困难和挑战。可能涉及数字技术资源的使用问题，教学方法创新的尝试，或者是对于新教学方式效果的不确定性等。面对这些问题，教师需要充满战胜困难的信心与决心，这包括以下几个方面的具体表现。

（1）对数字技术资源的熟练运用：教师需要不断提升自身的数字技术素养，对于各种新的教学工具、平台，以及应用等有足够的了解并能熟练掌握。这需要教师有一种持续学习和探索新事物的信心和决心，即使面临新技术的学习曲线陡峭，也能保持积极向上的态度。

（2）对教学方法创新的勇敢尝试：在数字化时代，传统的教学方式可能已经无法满足学生的学习需求。因此，教师需要有决心和勇气去尝试新的教学方式，例如利用在线协作工具进行小组项目，或者尝试反转课堂这种新的教学模式。这种创新的尝试可能会带来不确定的结果，但只有敢于尝试，才有可能找到更有效的教学方式。

（3）对实践中遇到困难的坚韧应对：无论是技术问题，如网络不稳定、设备故障，还是资源问题，如教学资源的匮乏，或是学生的接受度问题，如对新教学方式的抵触，这些都是可能出现的实际问题。面对这些问题，教师需要有决心和信心去积极解决，寻找解决之道，持续优化和改进自己的教学。

（4）对数字化教育教学实践的持久坚持：无论面对什么样的困难，教师都需要有决心和信心去持续开展数字化教育教学实践探索。只有通过不断的实践，才能更好地理解和应用数字技术，才能真正推动教育的高质量发展。

（二）数字技术知识与技能

1. 数字技术知识

数字技术已经在多个领域里发挥了广泛的作用，特别是在教育领域，其潜力正在逐渐被挖掘。多媒体技术能够整合各种形式的媒体元素，如文字、声音、图片、动画、视频等。它可以增强信息的交互性和视觉吸引力，使得教学内容更丰富，更具吸引力。例如，教师可以使用多媒体技术制作富有吸引力的演示文稿，或者制作教学视频，让学生在听、看、做中实现知识的吸收和理解。同时，学生也可以通过多媒体工具进行项目展示，提高自我表达和创新能力。互联网提供了实时、全球范围内的信息共享平台，极大地提高了信息获取和传递的效率。在教育领域，教师可以利用互联网资源丰富教学内容，开展在线课程，进行远程教学，打破地理空间的限制。此外，互联网也提供了诸如在线论坛、博客和社交媒体等交流平台，使教师、学生和家长能够更方便地进行信息交流和合作。大数据技术涉及大量、多样、快速、价值密度低的数据的采集、管理和分析。在教育中，通过对学生的学习行为、成绩、反馈等数据的收集和分析，教师可以更准确地了解学生的学习状况，发现教学问题，实施个性化教学，提高教学效果。同时，教育管理者也可以通过大数据分析，评估教学质量，优化教育资源配置，制定更有效的教育政策。虚拟现实是一种模拟真实环境或创建想象环境的交互式计算机生成的虚拟环境。在教育中，VR 技术可以为学生提供一个身临其境的学习环境，使他们能够直观地观察和理解抽象概念，提高学习兴趣和动手能力。例如，生物教学中，可以利用 VR 进行人体解剖的学习；历史教学中，可以利用 VR 重现历史事件，增强学生的历史体验。人工智能是一种使计算机模仿人类思维的技术。在教育中，AI 可以应用于智能教学系统，根据学生的学习行为和反馈，提供个性化的学习路径和资源。此外，AI还可以应用于智能辅导、自动批改作业、智能管理等多个方面，帮助教师减轻工作负担，提高教学效率。以上就是几种重要的数字技术在教育中的应用概述。教师需要了解这些技术的基本概念和原理，才能更有效地利用这些技术进行教学创新和优化。同时，面对数字技术的不断更新，教师也需要保持持续学习和探索的态度，提高自身的数字素养。

2. 数字技术技能

数字技术资源的选择策略是教师数字素养的重要组成部分，其涉及如何根据教学目标和学生需要选择最合适的数字化设备、软件和平台。选用的数字技术资源需要能够支持并实现教学目标。例如，如果教学目标是提高学生的团队协作能力，那么可以选择提供协作功能的平台或软件等。选用的数字技术资源需要适合学生的年龄和能力水平。例如，对于小学生来说，应选择操作简单，界面友好的软件或设备；对于中职学生来说，可以选择提供更多与企业系统相似功能的软件或设备。选择的数字技术资源应考虑所有学生的可接触性和可使用性。例如，如果有些学生无法在家里上网，那么需要考虑他们如何在课堂上或者其他场所使用这些资源。在选择数字技术资源时，需要考虑其对学生数据的安全性和隐私保护程度。尤其是那些需要学生提供个人信息的软件或平台，需要严格评估其是否遵守隐私保护政策。选用的数字技术资源应该易于使用和维护，教师和学生都能快速上手，不需要花费大量时间去学习如何使用。优秀的数字技术资源应提供良好的技术支持和定期更新，以保证其能持续有效地服务于教学。选择数字技术资源需要根据教学目标、学生需要、资源特性等多方面进行综合考虑，以选出最适合的资源。同时，教师也需要不断地探索和试验，通过实践经验来优化自己的选择策略。

熟练操作使用数字技术资源是教师数字素养的重要部分，这需要教师对数字化设备、软件、平台有深入的理解和熟练的技能。熟悉设备的基本操作，如启动、关机、连接网络、安装应用等。了解设备的性能特性和适用范围，如平板电脑适用于触控操作，投影仪适用于大屏展示等。熟练使用设备的特色功能，如使用交互式白板进行多人协作，使用3D打印机进行创新设计等。掌握软件的基本功能，如文字处理、表格计算、图片编辑、视频剪辑等。了解软件的高级功能，如数据分析、3D建模、编程设计等。熟悉软件的操作流程和快捷键，提高工作效率。对于出现的常见问题，如软件卡顿、崩溃、数据丢失等，能够采取相应的解决措施，如重启软件、查找恢复文件、更新软件版本等。理解平台的服务模式，如云存储、在线协作、远程教学等。熟悉平台的操作界面和使用规则，如上传下载文件、发起讨论、设置权限等。对于出现的常见问题，如登录失败、网络延迟、权限冲突等，能够通过更改设置、清理缓存、联系客服等方式进行解决。教师应跟随数字技术的发展，不断更新知识和技能。

（三）数字化应用

1. 数字化教学设计

开展学习情况分析是教师数字素养的重要组成部分，通过运用数字评价工具，教师能够对学生的学习情况进行详细的分析。智能阅卷系统能够自动评阅学生的答卷，提供准确的分数和及时的反馈。通过对答卷的分析，教师可以了解学生的知识掌握情况，发现学生的错误类型，从而对教学内容和方法进行调整。例如，如果发现多数学生在某个知识点的题目上答错，那么可能需要重点复习这个知识点。题库系统提供了大量的试题资源，可以按照不同的知识点、难度等进行分类和筛选。教师可以利用题库系统，组织形式多样的测验和考试，检测学生的知识掌握情况。通过对试题的分析，教师还可以了解学生的学习能力，如理解能力、应用能力、分析能力等。测评系统可以进行全面的学生评价，包括知识技能、学习策略、学习态度等多个方面。教师可以运用测评系统，获取学生的学习风格和习惯，为个性化教学提供依据。例如，如果发现某个学生是视觉型学习者，那么可以提供更多的图像和视频资源来帮助他学习。数字评价工具可以帮助教师更科学、更精细地进行学习情况分析。然而，这需要教师具有较高的数字素养，能够理解和操作这些工具，解读和应用这些数据。同时，教师也需要注意，虽然数字评价工具提供了丰富的信息，但是它不能代替教师的直观观察和个人经验，还需要教师综合各种信息，做出合理的教学决策。

获取、管理与制作数字教育资源是教师数字素养的重要部分。随着数字技术的发展，教育资源的形式和来源变得越来越多样化，如电子书、在线课程、互动软件、视频教程等。这就要求教师能够多渠道收集，依据教学需要选择、管理、制作这些资源。教师可以从各种渠道获取数字教育资源，如教育网站、社交媒体、在线图书馆、开放教育资源平台等。为了有效获取资源，教师需要具备搜索和筛选信息的技能，如使用关键词搜索、评估资源的可信度和适用性等。对于获取的资源，教师需要进行有效的管理。这可以通过创建分类和标签、使用资源管理软件、建立备份和同步系统等方式来实现。通过有效的管理，教师可以方便地找到需要的资源，保证资源的安全和可用。除了获取和管理资源，教师还需要制作自己的数字教育资源。这包括创建课件、录制视频、编写教学设计等。为了制作高质量的资源，教师需要了解和掌握一些制作工具和技巧，如使用PPT制作课件、使用剪辑软件制作视频、使用教学设计模板编写设计等。获取、管理与制作数字教育资源需要教师具备一定的技术知识和操作技能，但更重要的是教师需要具备创新和批判性思维，能够根据教学目标和学生需要，选择和创造最适合的资源。

设计融合数字技术资源的教学活动是教师数字素养的关键应用之一。这需要教师对教学目标有深入理解，能够选择和利用合适的数字技术资源，设计出富有吸引力和学习效果的教学活动。每一个教学活动的设计都应以明确的教学目标为出发点。这些目标可以是知识技能的掌握，也可以是思维能力、情感态度、学习策略等的发展。教师应明确这些目标，并用这些目标指导活动的设计和评价。根据教学目标，教师可以选择合适的数字技术资源来支持教学活动。例如，如果目标是提高学生的编程能力，那么可以选择编程教学平台；如果目标是发展学生的合作学习能力，那么可以选择在线协作工具。教师需要设计出具体的活动流程，明确在活动中学生需要做什么，教师需要做什么。在设计时，教师应注意活动的逻辑性和连贯性，确保每一个步骤都有助于实现教学目标。设计完成后，教师需要实施教学活动，并对活动效果进行评估。这可以通过观察学生的参与情况，收集学生的反馈，分析学生的学习成果等方式进行。如果发现活动效果不佳，那么需要根据评估结果进行调整。设计数字化教学活动是一个需要教师深思熟虑、反复实践的过程。只有通过不断的设计、实施、评估和调整，教师才能真正利用数字技术资源优化教学，提高教学效果。

创设混合学习环境是数字素养中的一项关键能力，它需要教师能够利用数字技术资源，突破传统教学的时空限制，为学生创设一个既包含物理空间又包含网络空间的学习环境。

物理学习空间：物理学习空间是传统的教学环境，包括课堂、图书馆、实验室等。在这些空间里，学生可以直接和教师、同学交流，进行面对面的学习。教师在这些空间里，可以直接观察学生的学习状态，给予及时的指导和反馈。

网络学习空间：网络学习空间是通过数字技术资源创设的新型教学环境，包括在线课程、云端课堂、虚拟实验室等。在这些空间里，学生可以随时随地获取教学资源，进行自我学习。教师在这些空间里，可以使用各种工具和数据，进行个性化的教学和评价。

混合学习环境的创设，就是将这两种空间有机地融合在一起，形成一个更加丰富和灵活的教学环境。例如，教师可以在课堂上进行教学，然后让学生在网络空间里完成作业和讨论；也可以让学生在网络空间里预习知识，然后在课堂上进行探究和交流。

混合学习环境不仅能够让学生获得更多的学习时间和资源，还能够提供更多的学习方式和路径，满足学生的个性化学习需求。然而，创设这样的环境，需要教师具备一定的数字素养，能够熟练使用数字技术资源，设计和管理网络学习空间，与物理学习空间进行良好的协同。

2. 数字化教学实施

利用数字技术资源来支持教学活动的组织与管理是一种有效的教学策略，它可以帮助教师更好地组织教学流程，提高学生的参与度和交流主动性。通过学习管理系统，教师可以上传和组织各类教学资源，如教案、讲义、视频、音频、图片等，也可以使用课程日历、课程公告等功能，帮助教师更好地安排教学进度和传达重要信息。使用在线工具设计并组织各类教学活动。例如，使用在线讨论板设置主题讨论，让学生在线进行交流；使用在线测验工具设计课堂小测，快速了解学生的学习情况；使用在线协作工具进行项目合作，让学生进行团队协作学习等。借助实时交流工具，如视频会议软件、在线聊天工具等，教师可以及时与学生进行沟通，提供在线答疑和指导。同时，也可以使用互动工具提高学生的参与度和交流主动性，如使用在线投票工具进行实时反馈，使用互动白板进行共同创作等。追踪学生的学习进度，了解他们在课程中的表现。例如，查看他们对教学资源的访问情况，跟踪他们的作业提交和在线测验的成绩等。根据这些信息，教师可以及时提供个性化的反馈和指导，帮助学生改进学习方法，提高学习效果。

通过收集和分析教学数据，教师可以评估教学效果，反思教学方法，并根据反馈信息进行改进。例如，教师可以通过学生的学习数据，了解哪些教学内容、教学方法效果较好，哪些需要改进。同时，教师也可以通过学生反馈，了解他们对教学的满意度和建议，以此进行教学方案的改进。

利用数字技术资源开展个别化指导是教师数字素养的重要体现，它可以帮助教师发现学生的学习差异，并根据个体差异提供针对性的指导和支持。通过学习管理系统或在线教学平台提供的学习数据分析功能，教师可以收集和分析学生的学习数据，如作业成绩、测验成绩、在线讨论参与情况等。通过分析这些数据，教师可以发现学生的学习差异，了解每个学生的学习进度、掌握程度和困难点。

根据学习数据的分析结果，教师可以为每个学生制定个性化的学习计划。这包括设定个别学习目标，选择适合的教学资源和学习活动，以满足学生的学习需求和发展潜力。利用数字技术资源，教师可以为学生提供个别化的辅导和支持。这可以通过在线视频会议、聊天工具、电子邮件等方式进行。教师可以与学生进行一对一的讨论、答疑解惑，提供个别化的指导和反馈。使用学习管理系统或在线平台的个体学习跟踪功能，实时监控每个学生的学习进展和表现。这可以帮助教师及时发现学生的学习困难，并提供针对性的帮助和支持。利用数字技术资源推荐适合学生自主学习的资源。例如，可以为学生提供在线学习课程、学习网站、电子书等，让学生在课堂之外进行自主学习，提升学习能力和兴趣。

3. 数字化学业评价

选择和运用评价数据采集工具是教师数字素养的重要组成部分，它能帮助教师有效地收集多模态学业评价数据，以全面了解学生的学习情况和能力发展。在选择评价数据采集工具之前，教师需要明确评价的目标和要求。这包括了解所需评估的学习领域、能力和维度，以及所需采集的多模态数据类型，如文本、图像、音频、视频等。根据评价的目标和要求，教师可以选择合适的数字工具来采集多模态学业评价数据。使用在线调查工具创建问卷，让学生书写文字回答问题。还可以使用教学平台的作业提交功能，让学生撰写论文、回答问题等。要求学生使用摄像头拍摄照片或录制视频来展示实际操作、实验结果或艺术作品。学生可以使用智能手机或平板电脑上的内置摄像头进行拍摄。使用在线录音工具要求学生录制音频，用于演讲、朗读、听力测试等。在使用评价数据采集工具之前，教师应该提供明确的使用指导和规范，确保学生能够正确地使用工具进行数据采集。这可以包括对工具的操作步骤进行说明，提供范例和示范，并强调数据采集的准确性和可靠性。教师应该妥善管理学生的评价数据，并确保数据的隐私保护。这可以包括采用安全的数据存储方式，限制数据的访问权限，遵守相关的数据保护法规和政策。

应用数据分析模型进行学业数据分析可以帮助教师深入理解学生的学业表现、发现潜在的模式和趋势，并提供基于数据的决策和改进方向。描述性统计分析是最基本的数据分析方法之一，它可以用来总结和描述学业数据的中心趋势、离散程度、分布特征等。常用的描述性统计指标包括平均值、中位数、标准差、频率分布等。通过描述性统计分析，教师可以了解学生的整体学业水平和成绩分布情况。关联分析可以帮助教师探索学业数据中的关联关系和相互影响。例如，教师可以通过关联分析发现某个学习活动或教学策略与学生成绩之间的关联关系。常用的关联分析方法包括相关系数分析、协方差分析等。预测分析旨在利用历史数据和趋势，预测未来学生的学业表现或成绩。常用的预测分析方法包括回归分析、时间序列分析等。通过预测分析，教师可以识别学生可能面临的风险或挑战，并采取相应的教学干预措施。聚类分析是一种无监督学习方法，用于将学生根据学业表现的相似性进行分类或分组。通过聚类分析，教师可以发现学生群体中的共同特征和差异，为个体差异化教学提供依据。文本分析可以帮助教师从学生的作文、笔记、反馈等文本数据中提取有意义的信息。常用的文本分析方法包括情感分析、主题建模等。通过文本分析，教师可以了解学生的思考过程、态度和情感状态。

在选择和应用合适的数据分析模型时，教师需要考虑数据的类型和特点，以及分析目标和问题的具体需求。同时，教师也需要掌握相应的数据分析工具和技术，如 Excel、SPSS、Python 等，以支持数据的处理和分析。综合运用多种数据分析模型和方法，教师可以更深入地了解学生的学业情况，并基于数据进行教学决策和改进。

实现学业数据可视化与解释可以帮助教师将学业数据分析结果以可视化的方式呈现，并通过合理的解释让相关人员更好地理解数据背后的含义。使用各种数据可视化工具来呈现学业数据分析结果。常见的工具包括图表制作软件（如 Microsoft Excel）、数据可视化编程库（如 Python）等。这些工具可以生成各种图表形式，如柱状图、折线图、饼图、散点图等，以直观、易懂的方式展示学业数据。在选择图表类型时，教师需要考虑数据的类型和分析目标，选择适合的图表形式来展示数据。例如，使用柱状图来比较不同学生的成绩，使用折线图来显示学生学业发展趋势，使用饼图来展示不同学科的成绩比例等。此外，教师还应注意图表的美观性、易读性和信息准确性，合理选择颜色、字体大小等设计要素。数据可视化并不仅仅是简单地呈现图表，教师还需要进行合理的解释和故事化呈现。通过解释，教师可以帮助观看者理解数据的背景、含义和洞察，解释数据背后的原因和趋势。同时，教师可以通过故事化的方式将学业数据分析结果与实际情境相联系，增强数据的可理解性和可信度。交互式可视化是一种让用户与可视化图表进行互动的方式。教师可以利用交互式可视化工具，让观看者自由地探索数据，选择感兴趣的维度和指标，以获得更深入的理解和洞察。交互式可视化也可以增加学生、家长或其他利益相关者对学业数据的参与感和自主性。通过数字工具进行学业数据可视化与解释，教师可以更好地向学生、家长和其他利益相关者传达学业数据的信息，引起关注和理解，并促进有针对性的教学改进和干预措施的制定。

4. 数字化协同育人

学生数字素养的培养是教育中的重要任务之一，它可以帮助学生恰当地选择和使用数字技术资源来支持学习，同时注重培养学生的计算思维和数字社会责任感。教师向学生介绍各种数字技术资源，并说明它们的特点、功能和应用领域。同时，教师还应指导学生根据学习需求和目标，合理选择和使用适当的数字技术资源。分享使用数字技术资源的最佳实践和技巧，教导学生如何有效搜索、筛选、整理和评估信息，以获取可靠和有价值的学习资源。鼓励学生主动参与数字技术资源的创造和共享，激发他们的创造力和合作精神。

利用数字技术资源开展德育是一种创新的方式，可以拓宽德育途径，提供更丰富的德育体验。通过 VR 和 AR 技术，学生可以参与虚拟的德育场景，如历史人物的演绎、道德决策的模拟等。这样的体验可以帮助学生更好地理解道德价值观，培养情感共鸣和道德判断能力。借助在线学习平台和数字化资源库，教师可以提供丰富的德育课程和教材。这些资源包括道德故事、伦理案例、德育视频等，为学生提供更多的学习和思考材料。利用社交媒体和协作平台，学生可以参与德育主题的讨论和互动。教师可以组织在线德育小组，让学生分享观点、讨论道德问题，并促进同学之间的互助和合作。组织数字德育项目和活动，鼓励学生运用数字技术创造有益于社会和他人的作品。例如，学生可以设计和制作宣传品、教育游戏、社交媒体活动等，传播正能量和道德理念。

利用学习管理系统和数据分析工具，教师可以跟踪学生的德育发展情况，并提供个性化的德育辅导和指导。通过分析学生的德育数据，教师可以了解每个学生的德育需求和问题，提供相应的支持和引导。通过利用数字技术资源开展德育，学校和教师能够更好地满足学生多样化的学习需求，创造更具吸引力和互动性的德育环境。同时，这也为学生提供了更广阔的德育发展空间，激发他们的创造力和参与度，提升他们的道德素养和社会责任感。

利用数字技术资源开展心理健康教育可以提供更灵活多样的教学形式，增强学生的参与度和互动性。利用在线心理健康问卷和评估工具，教师可以帮助学生进行自我评估，了解个体心理健康状况。这些工具可以帮助学生了解自身的情绪状态、应对能力、压力水平等，并提供相应的建议和资源。通过在线会议平台或社交媒体群组，教师可以组织团体辅导和心理健康主题的在线讨论。学生可以分享经验、互相支持，提出问题和建议。教师可以担任指导角色，促进积极的心理健康交流和学习。利用专门的心理健康应用程序或在线平台，学生可以参与心理训练和冥想练习。这些应用程序提供音频、视频和指导，帮助学生放松身心、提升自我意识和情绪调节能力。利用 VR 或在线角色扮演工具，教师可以创建情境和角色扮演任务，让学生体验和应对不同心理健康问题的情景。学生可以在虚拟环境中模拟真实场景，锻炼解决问题的能力和情绪管理技巧。利用心理健康教育游戏和在线资源，教师可以提供生动有趣的学习体验，帮助学生了解和掌握心理健康知识和技能。这些游戏和资源可以涵盖情绪管理、压力应对、人际关系等方面的内容。通过利用数字技术资源开展心理健康教育，可以增加学生对心理健康问题的认知和理解，提供更多元化、便捷的学习途径，培养学生的心理健康意识和应对能力。同时，这种创新的教学方式也能够激发学生的积极性和参与度，促进心理健康的全面发展。

（四）数字社会责任

1. 法治道德规范

依法规范上网是每个人应当遵守的基本原则，包括师生在内。了解并遵守国家和地区的互联网法律法规，包括网络安全法、互联网信息服务管理办法等相关规定。确保自己的上网行为符合法律法规的要求，不从事违法和有害的网络活动。

在上网过程中，注意保护个人隐私和个人信息安全。不随意泄露自己的个人身份信息和敏感信息，不在不安全的网络环境下进行重要信息的传输。在网络上使用和传播信息时，尊重他人的版权和知识产权。未经授权不得擅自复制、传播他人的作品，不侵犯他人的知识产权。合理安排上网时间，不沉迷于虚拟世界。在使用网络资源时，要有明确的学习、工作或娱乐目的，不浪费时间和精力。保持文明的网络行为，不传播谣言、不散布不良信息、不恶意攻击他人。尊重他人的言论权，遵守网络社区规则和网站管理规定。培养批判性思维和信息辨析能力，不盲目相信网络上的信息。要学会判断信息的真实性、客观性和权威性，避免被虚假信息误导。使用网络工具和应用时，确保其来源可靠和安全，避免下载和使用存在风险的软件。定期更新和维护网络安全软件，保护个人设备和数据的安全。

通过合理使用数字产品和服务，教师可以为学生提供更丰富、多样化的教育资源和学习体验，同时保护学生的权益和隐私安全。教师在使用数字产品和服务时也应遵循正当必要、知情同意、目的明确和安全保障的原则，并注重学生身心健康。确保使用数字产品和服务是出于教育教学的正当必要目的。避免滥用数字产品和服务，尤其是用于个人或非教育目的。在使用数字产品和服务时，教师应明确了解相关服务的目的、内容和风险，并确保学生和家长对使用的目的和方式有充分的知情同意。在使用数字产品和服务时，要明确使用的目的和教育价值，并避免超出合理的范围和需要。确保数字产品和服务的使用能够有效地支持教学和学生发展。采取必要的安全措施，保障学生在使用数字产品和服务过程中的信息安全和个人隐私。使用安全可靠的数字工具和平台，定期更新和维护安全软件和系统。尊重知识产权，遵守相关的版权法律法规。在使用数字产品和服务时，遵守使用许可和版权规定，未经授权不得擅自复制、传播他人的作品和知识。选择和使用数字产品和服务时，要注重学生身心健康的因素。选择适合学生年龄和发展阶段的内容和平台，避免过度依赖、沉迷于数字产品和服务。

维护积极健康的网络环境是每个人的责任，通过维护积极健康的网络环境，教师可以为学生提供一个安全、积极、有益的网络学习和交流空间。教师的榜样作用和引导作用非常重要，可以影响学生对网络的态度和行为习惯。遵守网络传播秩序是维护网络环境健康的基础。教师应遵守网络社区规则和网站管理规定，不散布谣言、不传播不实信息、不参与恶意攻击他人的言论等不良行为。主动传播正能量和积极向上的信息，鼓励学生分享和传播正面的故事、知识、经验和价值观。通过网络传播鼓励、支持和激励正能量内容，促进良好的社会氛围。引导学生正确使用网络，并教授网络道德和网络素养。教育学生尊重他人，对待网络信息持有批判性思维，培养正确的信息价值判断能力。鼓励学生参与网络创作、分享和互动，激发他们的创造力和参与性。鼓励学生发表自己的观点和作品，培养他们的表达能力和合作精神。教育学生保护个人隐私和网络安全的重要性。提醒学生注意个人信息保护，避免在公共网络上泄露个人敏感信息。教授网络安全知识，教导学生防范网络欺诈和网络攻击。合理引导学生的网络娱乐行为，鼓励选择健康、有益的娱乐内容。提醒学生避免过度沉迷于网络游戏、虚拟世界等，合理安排上网时间和内容。

2. 数字安全保护

保护个人信息和隐私是非常重要的，了解个人信息的敏感性，包括身份证号码、银行账号、联系方式等敏感信息。意识到泄露个人敏感信息可能导致身份盗用、金融损失等风险。仅收集和保留必要的个人信息，确保信息收集符合法律法规的规定，并明确告知被收集个人信息的目的、使用范围和保护措施。采取安全措施，如使用复杂的密码、定期更改密码、不轻易将密码透露给他人，避免使用公共网络或不安全的设备处理敏感信息。确保个人设备和网络的安全，安装并定期更新防病毒软件和防火墙，避免下载不安全的软件和点击可疑的链接。谨慎选择与他人共享个人信息的平台和方式，尽量避免在不可信的网站、社交媒体或公共场所透露个人敏感信息。定期审查自己的个人信息存储和使用情况，清理不再需要的信息，确保个人信息的及时更新和准确性。了解个人隐私权的相关法律法规和隐私政策，了解个人对个人信息的权利和保护措施，及时行使自己的权利。教育家人、朋友和同事关于个人信息保护的重要性，共同营造良好的信息安全和隐私保护氛围。关注个人信息保护的重要性，也可以帮助他人增强对个人信息安全的意识和保护能力。

注重网络安全防护是确保个人和教育机构网络环境安全的重要措施。提高辨别网络风险行为的能力，学会识别网络谣言、虚假信息、恶意链接等。关注消息来源的可信度和真实性，通过多方验证和比对信息来判断其可靠性。保持网络安全意识，不轻信陌生人的信息和链接，避免点击可疑邮件、短信和弹窗广告。针对网络谣言，不盲目转发和传播，通过查证和核实信息的真实性，避免扩散不实信息。对于网络暴力行为，教育学生正确使用网络，尊重他人的权益，避免参与网络欺凌、辱骂和诽谤等行为。针对电信诈骗，学会识别常见的诈骗手段，保持警惕，不随意泄露个人敏感信息，及时向相关部门报告可疑信息。针对信息窃取行为，确保设备和软件的安全更新，避免访问不安全的网站和下载不可信的应用程序。加强网络安全教育，教导学生和家长辨别、防范和处置网络风险行为。提供相关知识和技能，帮助他们保护个人隐私和安全。如果发现网络风险行为或成为受害者，应及时报告相关部门或教育机构，寻求专业的帮助和支持。

（五）专业发展

1. 数字化学习与研修

教师持续学习并利用数字技术资源是提升教学能力和适应教育发展的重要途径。教师应持续利用数字教育资源学习和更新学科知识。通过在线课程、教育应用程序、数字图书馆等资源，教师可以深入学习自己所教授学科的最新知识、研究成果和教学方法，不断提升自己的学科专业素养。数字技术资源也为教师提供了丰富的教学方法学习机会。教师可以参与在线教育平台提供的教学方法课程、研讨会和培训，了解和掌握最新的教学方法和策略，提高课堂教学效果。数字技术对教育领域产生了深远的影响，教师应利用数字技术资源学习相关的技术知识。教师可以通过在线资源、社交媒体、教育科技平台等了解和学习教育技术工具的使用方法和最佳实践，掌握如何利用数字技术提升教学效果。教师应利用数字教育资源学习教育教学管理知识，提高自己的管理能力和专业素养。这包括教育政策、课程设计、评估与评价、学生管理等方面的知识。通过在线课程、研讨会和教育管理平台，教师可以学习到最新的管理理论和实践，提升自己的教育教学管理水平。利用数字技术资源进行学习时，需要具备筛选和评估资源的能力。教师应根据自身的学习需求和目标，选择高质量、可靠的数字教育资源。同时评估资源的可信度、适用性和实用性，确保所选资源能够满足自己的学习需求。教师在学习过程中应将所学知识和技能应用于实际教学实践中，并进行反思和总结。通过实践与反思的循环，教师可以不断优化自己的教学实践，提升教学效果。利用数字技术资源，教师可以与其他教育工作者进行交流和合作。通过参与在线教育社区、教育专业论坛等，教师可以分享经验、互相学习，共同进步。教师持续学习和利用数字技术资源进行学习，有助于不断提升教学能力和适应教育的变革。

参与或主持网络研修共同体是教师利用数字技术资源进行持续学习和专业交流的重要方式。网络研修共同体为教师提供了一个与其他教师共同学习的平台。教师可以通过参与网络研修共同体，与其他教师分享教学经验、专业知识和教学资源。通过互相学习、借鉴和启发，教师可以丰富自己的教学理念、教学方法和教学策略。教师在网络研修共同体中可以分享自己的教学经验和成功实践。通过分享自己的教学案例、教学资源和教学成果，可以为其他教师提供借鉴和启发，促进共同成长和进步。教师可以在共同体中提出自己在教学中遇到的困难和问题，与其他教师进行交流和讨论，寻求解决方案和专业支持。这种互助和支持的氛围有助于教师克服教学中的挑战，提升教学质量。教师可以在共同体中讨论教育热点话题、教育政策、教学方法等，分享自己的观点和见解。通过交流和合作，教师可以拓宽自己的教育视野，借鉴其他教师的优秀实践，共同推动教育的创新和进步。作为主持人，教师可以组织和引导共同体成员的学习和交流活动，制定研修计划和议程，促进成员之间的互动和合作。通过主持网络研修共同体，教师不仅可以提升自己的组织和领导能力，还可以为其他教师提供学习和交流的平台。

2. 数字化教学研究与创新

数字化教学研究与创新是指教师在教学实践中针对数字化教学问题进行研究，并利用数字技术资源支持研究活动。数字化教学带来了新的挑战和机遇，教师可以通过开展研究，解决数字化教学中遇到的问题和难题。例如，研究如何有效地融入数字技术资源，提升教学效果；研究数字化教学对学生学习动机和成绩的影响等。通过研究，教师可以深入了解数字化教学的优势和局限，为教学实践提供科学依据。数字技术资源为教师的研究活动提供了强大支持。教师可以利用数字工具和平台收集和分析教学数据，进行定量和定性研究。例如，利用学生学习数据、教学视频、在线问卷等进行教学实验和调查研究。同时，教师还可以通过网络资源、学术数据库、在线期刊等获取最新的教育研究成果，为自己的研究提供理论支持。数字化教学涉及多个学科和领域，教师可以开展跨学科研究和合作，探索数字技术在不同学科和领域中的应用。例如，教育学、心理学、计算机科学等学科之间的合作，可以促进数字化教学研究的深入和创新。通过与其他学科专家的合作，教师可以借鉴其他领域的理论和方法，提升自己的研究水平和学术质量。数字化教学研究应当与实际教学实践相结合，注重解决实际问题和改进教学实践。教师可以在研究中尝试新的教学策略、创新的教育科技工具，评估其对学生学习和教学效果的影响。通过实践与创新的结合，教师可以将研究成果转化为实际的教学策略和方法，不断优化自己的教学实践。

通过开展数字化教学研究与创新，教师可以不断提升自己的教学能力和教育教学水平，同时为教育改革和创新作出贡献。数字技术资源的支持和应用，为教师的研究活动提供了更广阔的空间和更丰富的数据来源，帮助教师更好地理解和应对数字化教学的挑战和机遇。

二、教师队伍数字化建设问题

教师队伍数字化建设是推动教育现代化的关键任务，但在实施过程中仍然存在一些问题。

课程资源虽然初具规模，但在数量、广度和结构层次上仍无法满足广大教师的个性化研修需求。因此，需要进一步强化优质资源的建设与遴选，确保资源内容更加针对性和智能化。这可以通过更好地了解教师的学习需求、提供个性化学习路径和推荐系统、应用智能化技术进行资源推荐等方式来实现。当前平台提供的研修活动和资源主要是自上而下组织的，形式相对局限，内容上也偏向普适性。这无法满足教师个性化和区域化的学习需求，也无法充分发挥名师名校长的引领示范和辐射带动作用。因此，数字化建设需要在资源形式上实现多样化和个性化，鼓励教师自主参与和创建研修活动，支持地方教育机构和学校开展定制化研修，促进地方和学校间的资源共享和合作。

目前课程资源推荐所使用的技术相对较简单，与满足教师个性化智能化研修需求还有较大差距。为了提升资源推荐的水平，需要应用先进的技术，如机器学习、人工智能等，通过对教师的学习行为、兴趣和需求进行分析，实现个性化的资源推荐。同时，还应鼓励教师参与评价和反馈，不断改进推荐系统，提高其智能化和个性化程度。

部分教师在数字技术的应用方面存在能力不足的问题。他们可能缺乏对数字技术的充分了解，无法有效地利用数字技术资源进行教学。这需要通过加强教师培训，融合自身专业发展，提升教师的数字技术应用能力和教学创新能力。对数字化教育的理念和模式仍存在认知障碍。他们可能对数字化教育持保守态度，不愿意改变传统的教学方式和教育观念。解决这一问题需要加强教师的教育理念培养，提高他们对数字化教育的认识和认同，并帮助他们逐步转变教学方式，实现教学的数字化转型。

在数字化教育中，对教师的教学效果和学生的学习成果进行评估是至关重要的。然而，目前的数字化教育评估体系仍然不够完善，评估指标和方法缺乏统一标准和有效性。数字化教育应加强数字化教育评估体系的建设，制定科学合理的评估指标和方法，能够更准确地评估教师的数字化教学水平和学生的学习效果。

三、职校教师数字化转型路径

在数字技术与职业教育深入融合的过程中，职业院校教师的角色也需要进行重新塑造。在职业院校教育中，教师不仅仅是知识的传授者，更应具备多元化的教学角色。教师需要成为学生学习分析者，深入了解学生的学习需求和特点，针对不同学生制定个性化的教学方案和指导策略。教师还要充当价值引领者，帮助学生树立正确的职业道德和价值观念。此外，教师还要扮演情感沟通者和生涯规划者的角色，与学生建立良好的师生关系，帮助他们进行情感支持和生涯规划，引导学生在职业发展中做出明智的选择。随着数字技术在职业教育中的广泛应用，职业院校教师的技术应用角色也发生了转变。教师不再是技术技能的观望者和执行者，而是技术技能的创造者和设计者。他们需要掌握先进的数字技术工具和平台，能够创造性地运用这些技术来支持教学和学生的职业发展。教师还应积极参与技术的设计和开发，为职业教育提供创新的技术解决方案和教学设计方案。职业院校教师的专业能力和发展需适应职业教育数字化转型的要求。他们需要不断更新自己的专业观念、专业知识和专业能力，紧跟行业发展的最新动态。教师应具备数据驱动的思维方式，能够运用数据分析和评估工具，为教学提供科学依据和决策支持。此外，教师还应加强对职业教育数字化转型的理念和策略的理解和应用，以数据为引领、以平台为统整、以机制为保障，优化自身的专业发展路径。

用好数据驱动的教师“数字画像”是精准诊断职业院校教师专业发展的新形态。大数据驱动的研究范式已经成为教育科学研究的新取向，为职业院校教师的专业发展提供了科学方法和指导。通过利用职业院校教师在数字平台上的浏览、标记、互动等行为所产生的数据痕迹，可以精准获取教师研修的特征数据和指标。这些数据可以揭示教师的兴趣偏好、学习习惯、知识需求等，从而实现教师专业发展的个性化、精准化和高效化。通过分析这些数据，可以为教师提供个性化的学习推荐和资源支持，帮助他们针对自身的发展需求进行有针对性的研修。将不同层次、不同专业职业院校教师的“数字画像”进行聚类，可以形成不同发展水平教师的“群体画像”。通过聚类分析，可以识别出不同群体教师的共性特征和发展需求。基于这些“群体画像”，可以针对不同群体教师进行智能干预，推荐相应的数字资源，匹配适切的企业能手、高校专家、教研员、优质教师等作为学习导师，支持职业院校教师的专业成长。这种个性化、精准化的支持和指导能够更好地满足教师的学习需求，提升教师的专业能力和教学水平。基于“群体画像”，师训者、管理者和决策者可以更全面地了解职业院校教师的群体需求。通过分析数据，可以了解教师队伍的整体状况、发展趋势和瓶颈问题，为教师队伍建设提供有针对性的解决方案和决策支持。这有助于制定更加有效的师资培养计划、教学改革策略和教师激励措施，推动职业院校教师队伍的持续发展和提高整体素质。

打造虚实融合的数字实践平台是增强教师专业发展新动能的关键。数字技术的发展为构建模拟实训环境提供了支撑。虚拟仿真实验室、虚拟课堂、虚拟教学等数字技术应用能够为职业院校教师提供近乎真实的实践环境。教师可以通过虚拟实训平台进行实践操作、教学演练和情境模拟，从而提升他们在实践教学中的能力和技巧。这种虚实融合的实践方式有助于加强教师的专业知识和实践能力，提高他们驾驭实践教学的能力。打造多功能、立体化的智慧教育平台可以提升职业院校教师的管理效能。通过数字化平台，企业可以与职业院校教师进行预设、实施和反馈，促进教师与企业实践的有效对接。同时，学校的教务处和教师发展中心等部门可以借助平台进行系统分析教师的校企实践活动情况和专业发展表现。这样可以为教师的专业发展提供更有针对性的指导和支持，提升教师的管理效能。借力数字化平台，可以探索精准化、多样化的校企联动教研。通过数字化平台，名企与名师可以进行强强联动，开展校企合作项目、教学研究和实践教学创新。教师可以与企业专家、行业导师进行深入合作和交流，通过实践项目的开展，提升自身的实践能力和教学水平。这种校企联动的教研模式能够促进教师的专业成长和实践能力水平的均衡发展。

健全培训质效的评价机制是赋予教师专业发展新保障的重要举措。在数字化时代，职业院校教学的场域环境发生了巨大变化，也对教师培训提出了新的要求。为了突破制度壁垒，打破思维惯性，创新培训体制机制，首先需要建立健全职业院校新进教师岗前培养和骨干教师职后培训的新机制。这包括建立从职前培养到职后培训的课程体系、教材体系和人才培养体系，以增强培训的针对性和目的性。通过线上虚拟教师学习培训室等方式，组织教师开展教研、课程观摩、教学资源共享等活动，构建跨时空的职业院校教师发展共同体。这样的机制可以为教师提供更加便捷和灵活的培训方式，提升其专业能力和发展水平。创新职业院校教师评价机制，利用数字化新空间，采用情境性测评、任务型测评、实践性评价等方式，可以提升评价的科学性和精准性。通过对日常课堂教学的监测和反馈，可以实现对教师专业发展效果的可持续性跟踪。同时，建立个人学习空间和成长档案袋，将学习行为数据、过程性资料、学习成果等自动留存和汇聚归类，为评价提供全面、可靠的依据。这样的评价机制可以更加客观地评估教师的专业发展水平，为教师提供精准的反馈和指导，促进其专业成长。

厚植数字化学习的价值自觉是打造教师专业发展新理念的关键。人机交互教育教学形式的变革以及职业院校教师专业发展的综合要求，迫使教师必须树立新的专业理念来适应这一变革。职业院校教师应加强自主学习的理念。只有积极主动地适应数字化发展，教师才能更好地胜任教育教学工作。教师需要在心理上树立数字教育的理念，接纳数字技术的不断迭代，端正对数字学习的态度，提高对数字应用的认知，增强数字素养意识，并不断提升自身的数字素养。通过自主学习，教师能够不断更新知识和技能，适应数字化教学的需求。教师需要提升跨界协同学习的理念。在数字化时代，跨界、协同、开放、共享等学习理念变得至关重要。仅仅依靠单一的学科知识难以满足数字化教学的要求，也无法应对职业教育数字化面临的复杂问题和挑战。因此，职业院校教师需要具备跨界协同意识，不仅要拥有完整的学科知识和课程重构能力，还需要具备跨学科的视野。同时，教师的专业发展需要从实践能力出发，实现技术技能的有效协同。通过与其他领域的教师和专家进行合作，教师能够汲取不同领域的经验和知识，促进专业发展的跨界融合。在构建教师专业发展新理念的过程中，还需要强调教师的实践能力。教师的专业发展不仅仅是学科理论知识的发展，还需要从实践能力出发，将学科知识与技术技能有效协同。通过实践教学和教育技术的有机结合，教师能够更好地应对数字化教学的要求，并提供具有实践价值的教育教学体验。

在职业教育数字化转型的背景下，职业院校教师的角色和能力要求发生了显著变化。他们不仅要具备教学的多元化角色，还需要承担技术创造和设计的责任。教师的专业发展路径也需要适应数字化转型的需求，注重数据驱动的思维和平台应用，以不断提升自身的专业水平和教育教学能力，为职业教育的发展做出积极贡献。

第七章

数字化、智能化赋能与中职专业建设的案例

数字化和智能化赋能在中职专业建设中发挥了重要作用，提升了教学质量、学生能力和职业竞争力。随着技术的不断创新和发展，数字化和智能化赋能将继续为中职教育带来更多机遇和挑战，为学生的职业发展和社会进步做出积极贡献。

许多中职学校利用数字化技术建设在线职业技能培训平台，提供学生在线学习和实践的机会。学生可以通过平台学习和模拟各种职业技能，如机械加工、电子维修、汽车维修等。平台提供虚拟实训环境和实时反馈，帮助学生提升实际操作能力。中职学校的实验室可以通过智能化设备和传感器进行升级，实现实验数据的自动采集和分析。学生可以通过与设备互动，进行实验操作并实时获取数据。智能实验室还可以提供虚拟实验环境，帮助学生在安全控制的情况下进行更多实验。VR 技术在中职专业建设中也发挥了重要作用。通过 VR 设备和软件，学生可以身临其境地体验各种职业场景，如建筑施工、电子制造、餐饮服务等。这种沉浸式的学习体验可以帮助学生更好地理解和掌握实际工作过程。中职学校利用数据分析和人工智能技术来优化学生的学习和就业指导。学校可以收集学生的学习数据和就业市场数据，利用算法和模型进行分析，为学生提供个性化的学习建议和职业规划指导。这种个性化的辅导和指导可以提高学生的学习效果和就业竞争力。数字化技术使得远程教学和远程实习成为可能。中职学校可以通过在线平台和视频会议工具，组织学生参与远程教学和实习项目。学生可以通过远程方式接触到更广泛的学习资源和实践机会，与企业导师进行远程沟通和交流。

这些案例表明，数字化和智能化的赋能已经为中职专业建设带来了许多创新和改进。这些技术的应用使得学生能够更好地获得实践经验、个性化指导和跨地域的学习机会，提高他们的职业素养和就业竞争力。同时，教师也可以借助这些技术提供更具针对性和创新性的教学方法和资源，推动中职教育的发展和进步。

一、基于虚拟仿真技术的物流服务与管理专业群实训教学实践

对于虚拟仿真技术在教育领域的应用，通过对其在沉浸性、交互性和构想性方面的深入探讨，我们可以对其潜力有更深入的理解。基于虚拟仿真技术的不同特性和应用，我们可以将其归类为三类：纯虚拟技术、以虚助实技术和虚实结合技术。

首先，纯虚拟技术代表了一种全新的沉浸式学习模式，它完全依赖于计算机生成的虚拟环境和对象。这种技术使得沉浸式学习成为可能，将学生置于一个紧密模仿真实情况的虚拟环境中。对于资源和物流专业的实训课程来说，纯虚拟技术可以创建出准确的工作场景和操作过程模拟，让学生在虚拟环境中进行实践，锻炼其操作技巧，并提升其面对复杂情境的应对能力。

其次，以虚助实技术则强调在真实物体或设备操作中加入虚拟仿真技术的辅助。利用这种技术，学生可以在虚拟环境中进行工艺流程的模拟和优化，有效减少实际试错成本，从而提高生产效率。这种技术不仅在实训教学中提供了更多的实践机会和资源，还为学生在安全、便捷的环境中进行实践和探索创造了条件。

最后，虚实结合技术是一种独特的手段，它将虚拟环境与实际环境融合，实现了虚拟和实际资源的互动。例如，在物流专业的实训中，学生可以在实际仓库环境中进行搬运和分拣操作，同时通过虚拟技术进行运输路径的规划和优化，使得学习更贴近实际情况。

虚拟仿真技术的运用可以催生创新教学模式和评价标准，它不仅能够扩大课程的容量和广度，创新教学形式，提升实训效果，同时还能够为学生提供更丰富的实践机会和真实场景体验，激发他们的学习兴趣和

创新思维。更重要的是，教学目标、操作程序、实现条件和教学评价等教育环节，都可能因为虚拟仿真技术的引入而得到显著改进。

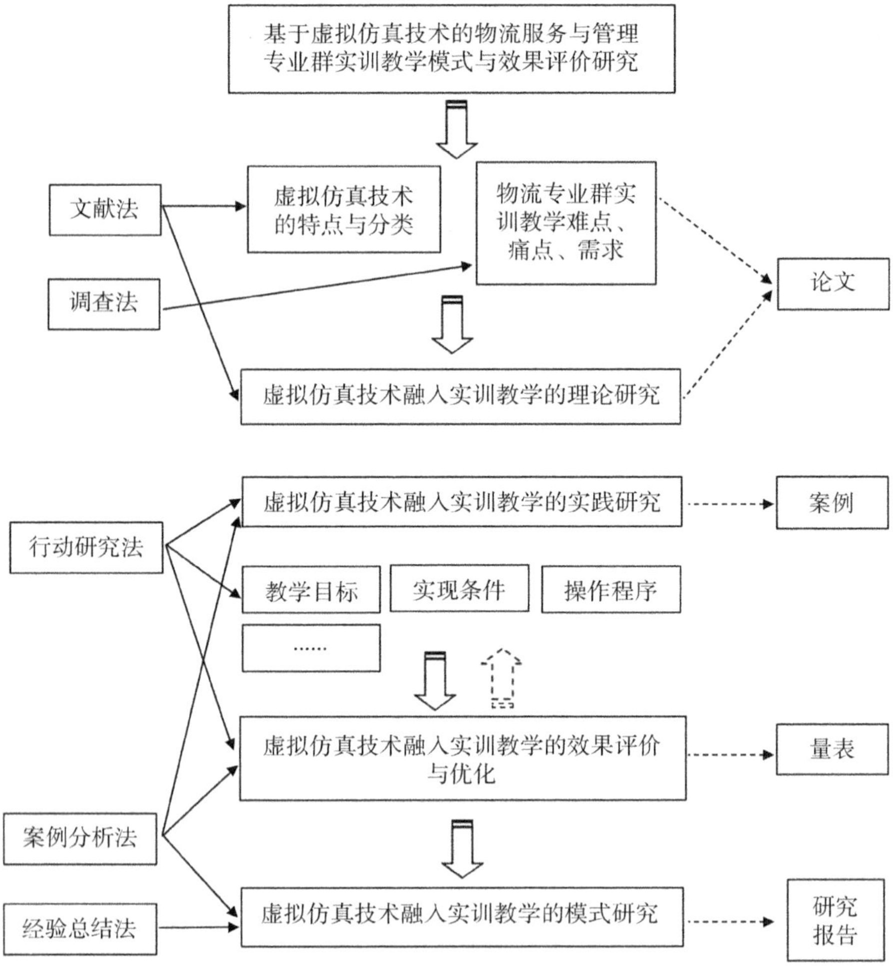

研究流程图

（一）虚拟仿真在物流行业中的需求

随着智能化仓库的快速发展，虚拟仿真技术已成为其中一项重要的应用，它提供了一种数字化的、可视化的仓库管理方式，使得对仓库操作实现实时监控和故障诊断。这种技术的使用，不仅有助于仓库运营效率的提升，而且在仓库建设和管理方面也发挥了不可忽视的作用。

智能化仓库的建设需要集成多个系统和设备，因此在选址和内部构建的规划阶段，虚拟仿真技术就显得至关重要。它能够在设计阶段提供一个逼真的虚拟环境，帮助决策者对未来的仓库运营进行预判，从而制定出更为合理的规划方案，进而降低可能面临的试错成本和风险。虚拟仿真技术在商务沟通和招商展示方面也具有显著优势。传统的仓库建设方案往往需要投资方和运营方进行实地考察和深度沟通，但这种方式的成本较高且存在风险。虚拟仿真技术可以提供在线的虚拟展示，既能让合作方对仓库的规划和运营有一个清晰的理解，又可以显著降低沟通和考察的成本和风险。对于客户来说，他们更关心的往往是仓库的运营效率、流程管理等具体细节，这也是虚拟仿真技术能够发挥其优势的地方。通过这种手段，客户可以更直观地了解和评估仓库的运营状况，以满足他们的信息需求。对于仓库的人力资源管理，尤其是员工培训，虚拟仿真技术也有重要应用。仓库员工流动性较大，而且经常面临短期内大量的人力需求。在这种情况下，远程的虚拟仿真培训环境就显得尤为必要，它能为员工提供低成本、高效率的培训方式，帮助他们快速适应并胜任仓库的操作任务。

为了满足现代化智能仓库的复杂需求，有必要构建一个全面的虚拟仿真平台来支持仓库建设的数字化转型。这样一个平台需要包括以下几个核心部分，以实现对仓库各项操作的全方位支持。数字化虚拟仿真平台作为该系统的核心，应该能提供多种逼真的虚拟环境。在这些环境下，用户可以轻松构建仓库模型，并通过一系列的展示方式，如视频、3D 鸟瞰和动态演示等，向所有利益相关者展示仓库的运营情况。这种方式不仅能使各方对仓库有更为直观的理解，同时也能在预设的操作过程中找出可能存在的问题。IRT 数据关联服务平台是这个系统的另一个重要组成部分，其主要作用是与外部软硬件进行连接，实现对仓库运营状态的远程监控和数据采集。通过收集和整合各类数据，仓库运营情况可以被实时跟踪，从而为决策者提供最新、最全面的信息，以便做出准确的决策。MTI 大数据分析与呈现系统可以辅助仓库选址、效率仿真等规划内容，为运营提供智能化的分析支持。利用先进的算法模型，该系统能对海量的仓库数据进行深度分析和处理，同时，通过各种不同的数据呈现方式，可以使客户全面了解仓库的运营情况，从而更好地满足客户需求。

相对于传统的仓库仿真软件，虚拟仿真技术展现出了几个显著的优势，这些优势使其在现代化仓库管理中发挥了重要的作用。虚拟仿真技术在建模速度和整体性上表现优越。这种技术可以在一个统一的平台内进行快速创建，大大提高了建模速度，同时，由于统一的平台环境避免了兼容性和数据连通性问题，因此在整体性上也表现出极高的优势。虚拟仿真技术将 3D 效果与业务逻辑完美结合，实现了数据和流程的可视化展示。这样的设计不仅能够将复杂的数据以直观的方式展示出来，而且能更贴切地模拟实际业务流程，从而使得模型的实用性和精确性大大提高。虚拟仿真技术拥有全物理仿真能力，它能够模拟重力、摩擦、撞击等全方位的物理属性，同时，通过逼真的灯光和材质效果，可以为用户提供震撼的视觉体验。这些仿真能力不仅可以更真实地呈现仓库的实际情况，也使得在模拟过程中能更好地处理和预测可能出现的各种问题。

通过快速建模、实现数据和流程可视化、全物理属性仿真等优点，虚拟仿真技术在仓库管理中的应用具有极大的潜力，为现代化仓库管理提供了重要的技术支持。

（二）数字孪生与智慧物流

在智慧物流领域，数字孪生技术确实发挥了至关重要的作用。该技术通过为物流过程中的每一个环节创建一一对应的数字模型，进而将物流实体系统实现虚拟化，开启了一个全新的智慧物流运营模式。通过创建每个细节的数字孪生模型，我们能够实现物流实体系统的全面虚拟化。这种方式允许我们对整个物流系统的运行过程进行深入地监控和分析，从而更好地理解其运行模式和潜在问题。借助于历史数据和虚拟仿真环境进行的运行模拟，数字孪生技术能够实现对物流系统运行过程的精准预测。这意味着我们可以在真实操作前预见到可能出现的问题，并及时做出调整，降低运营风险。通过使用机器学习技术，数字孪生技术可以对各种物流系统场景进行快速调整和持续优化。通过自动学习和迭代改进，系统能够不断向最优运行状态靠近，从而提升物流系统的整体效率和效益。

总体而言，数字孪生技术通过将物流系统虚拟化，并利用历史数据和机器学习进行运行模拟和优化，显著提高了物流系统的灵活性和效率，对智慧物流领域的推动作用不可忽视。在智慧物流领域，数字孪生技术的应用广泛且多样，下面是其中的一些主要应用场景：第一，大型的仓配分拨中心的设计和运营可以得到显著的改善。通过数字孪生技术，我们能够实现对设备和系统的全生命周期数据建模和采集，进而对整个园区的设计、交流、安装、施工、验收和运维等各个环节进行全面的管理和可视化展示。这种方式不仅提高了运营效率，而且有助于降低运营风险。第二，数字孪生技术对空港、海港等物流枢纽的智能化建设起到了关键作用。利用这种技术，我们可以对供应链体系和网络运作进行详细的模拟和优化，从而大大提高了物流枢纽的效率和运营管理水平。第三，物流智能化装备和系统的研发与设计也得到了数字孪生技术的助力。这种技术允许我们创建数字孪生模型，进而进行快速的装备和系统仿真、优化。这样的方式不仅减少了实际试错成本，同时也提高了装备和系统的性能和可靠性。

数字孪生技术的应用正在重新塑造物流领域的运营方式，使之更加智能、高效和可靠。在智慧物流仓配中心的建设中，数字孪生技术发挥着重要的作用。通过数字孪生技术，可以全程模拟仓配中心的设计、建设、调试和运营过程。数字孪生技术可以贯穿整个生命周期，实现实时或准实时的双向交互，提供准确的数据支持和优化方案，降低设计沟通成本、运营验证成本和系统调整成本。

为了应用数字孪生技术于智慧物流系统，可以借助于 BSIM（Business System Integration Model）孪生仿真三维环境的建立。BSIM 可以构建全仿真的系统模型，逼真还原真实系统的运作机制，并通过数据驱动的学习模型进行优化和推演。三维环境的可视化也有助于更全面地理解和管理物流系统的运作。

数字孪生技术在智慧物流领域的应用具有广泛的前景。通过数字孪生技术，可以实现智慧物流系统的全生命周期管理、实时调整和优化，并提供准确的预测和决策支持。这将有助于提高物流系统的效率、可靠性和可持续发展能力，推动智慧物流领域的创新和发展。

（三）BTIM 智慧仓储综合实训系统

BTIM 智慧仓储综合实训系统，是一个基于互联网技术开发的物流信息管理平台，其主要目标是提升物流企业的运营效率以及客户服务质量。该系统不仅具备功能齐全的管理模块，如订单管理、仓储管理、运输管理、配送管理以及客户管理等，同时还支持物流教育和实训的信息化和数字化转型，以更好地适应市场变化和满足职业需求。该系统可以通过模拟真实的物流环境，帮助学员了解和掌握物流管理的基本知识和技能，为他们的未来职业生涯做好准备。总的来说，BTIM 智慧仓储综合实训系统是一个功能全面、实用性强的物流信息管理平台，无论是对于物流企业，还是对于物流教育和实训，都具有极高的价值。

1. 智慧物流实训系统的特点

BTIM 智慧物流综合实训系统为物流业务的实践和学习提供了一种高效的解决方案，主要特点如下：

（1）功能模块多样化：系统包含订单管理、仓储管理、运输管理、配送管理和客户管理等多个功能模块，每一个模块都旨在优化和提升物流业务各个环节的效率和质量。这些模块不仅可以单独使用以满足特定的业务需求，同时也可以联合使用以实现全流程的物流管理。

（2）信息化和数字化：系统采用最新的互联网技术，实现了物流业务的数字化和信息化管理。通过数字化的数据处理和信息化的共享，使得物流业务能够快速响应市场变化和需求，从而提高工作效率和降低运营成本。

（3）多平台和多终端：系统支持在多种平台和终端上运行，包括 PC、智能手机、平板电脑等。这种灵活性和便捷性极大地满足了物流企业员工在不同场景和时段的使用需求，提高了工作效率和管理质量。

（4）可扩展和定制化：系统具有极高的可扩展性和定制化特性。根据物流企业的具体需求，系统可以进行定制化开发，增加新的功能模块、接口或数据分析工具，以满足不断变化的市场和业务需求。

（5）安全和隐私：系统具有强大的安全性和隐私保护功能。采用多层次的权限控制、数据加密和网络安全技术，有效地保障了企业数据和信息的安全和隐私。

2. 智慧物流实训系统的优点

（1）提高管理效率。

BTIM 智慧物流综合实训系统通过信息化和数字化处理，可实现物流管理系统的信息共享和协同工作，降低信息传递成本和误差。如：模拟员工通过系统快速查询订单信息、货物存放位置、运输路线和客户反馈等，节省大量时间和精力。

此外，实训系统还提供智能化的分析和预测功能，帮助物流管理更好地规划和决策，提高管理效率和决策水平。

（2）提高服务质量。

BTIM 智慧仓储综合实训系统通过提高物流企业的管理效率，可进一步提高服务质量。例如，通过订单管理模块，可实现订单的实时跟踪和状态更新，提高客户服务的及时性和准确性。通过配送管理模块，实现配送路线的优化和自动化，降低配送时间和成本，提高配送服务的质量和效率。通过客户管理模块，可以实现客户信息的全面记录和分析，为客户提供更加个性化的服务。

（3）降低成本。

BTIM 智慧仓储综合实训系统通过数字化和信息化处理，可以降低物流企业的成本。例如，通过仓储管理模块，可以实现货物存储的自动化和优化，降低了库存成本和货损率。通过运输管理模块，可以实现运输路线的智能化规划和优化，降低了运输成本和燃料费用。此外，智慧物流实训系统还可以提供多维度的数据分析和统计功能，帮助企业发现潜在的成本降低点，提高企业的盈利能力。

3. 智慧物流实训系统的应用环节和业务

（1）VR 电商物流。

随着电商行业的快速发展，物流成为电商业务的重要组成部分。智慧物流实训系统可以帮助电商物流实训实现订单管理、仓储管理、配送管理和客户管理等多个环节的信息化和自动化实训处理，提高电商物流的效率和服务质量。

（2）仓储物流。

BTIM 智慧仓储综合实训系统，可实现货物存储、调配和管理等多个环节的数字化和自动化处理实训，提高仓储物流的效率和准确性。例如，使用智慧物流实训系统可以实现智能化货架管理、无人化搬运、物流数据分析等功能，有效提升仓储物流效率和管理水平。

（3）快递物流。

快递物流是 BTIM 智慧快递实训系统的另一个重要应用场景。通过实训系统，快递企业可以实现订单处理、路线规划、运输监控等多个环节的信息化处理，通过实训提升快递物流的效率和服务水平。例如，利用物联网技术，可以实现智能快递柜管理、自动化分拣等功能，提高快递物流的自动化程度和处理速度。

（4）供应链物流。

BTIM 智慧供应链物流是现代物流管理的核心之一，BTIM 智慧仓储综合实训系统，可实现信息共享、协同管理和智能化控制等多个环节的实训处理，提高供应链物流的效率和透明度。例如，利用物流大数据分析技术，可实现供应链节点的实时监控和数据分析，通过实训快速发现和解决问题，帮助在实操中提高供应链运营效率和灵活性。

BTIM 智慧物流实训系统在电商物流、仓储物流、快递物流、供应链物流等多个领域具有广泛应用，帮助物流企业提高运营效率、降低成本、提高服务水平，提升企业的竞争力。

二、数智化赋能城市轨道交通运营服务专业“岗课赛证”实践

随着我国经济实力的增长和人民生活水平的提高，交通行业已迎来了前所未有的发展机遇，尤其在城市轨道交通领域。这个行业对于熟悉城市轨道交通运营服务相关知识和技能的人才需求日益增长。然而，当前我国中职学校培养的城市轨道交通运营服务专业毕业生尚未完全达到轨道交通行业的需求标准。为了解决这一问题，我们建议将“1 + X”证

书制度融入专业课程的教学中。

“1+X”证书制度是指学生在获得一个学历证书“1”的同时，可以选择获取一个或多个职业技能等级证书“X”。通过这种方式，学生不仅能掌握基础的理论知识，还能提升具体的技能操作能力，增加职业技能的深度和广度。此外，该制度还有利于提升学生的道德素养，强化他们的社会责任感和职业精神。

将“1+X”证书制度融入专业课程中，有助于提高学生的考证通过率。在专业课程的学习过程中，学生可以通过理论学习和实践操作相结合的方式，不断提升专业技能，达到考证所要求的技能水平。同时，此举也能提升学生的职业素养和道德修养，使他们不仅具备优秀的技能，还具备良好的职业道德。

通过实施这一制度，我们能够为社会输送大量具备高素质工作能力的城轨行业人才，以及相关的技术技能人才，满足交通行业对人才的需求。通过这种方式，我们可以提高学生的升学能力和就业能力，为他们的未来发展铺平道路。总的来说，“1+X”证书制度的实施，将对城市轨道交通运营服务专业学生的培养和轨道交通行业的发展产生积极影响。“1+X”证书制度是指学生在学习专业课程的同时，可以参加与专业相关的职业技能考证，获取相应的职业资格证书。这种制度的引入可以帮助学生在学习过程中更好地了解职业要求和行业标准，提高他们的实际操作能力和技能水平。通过融合“1+X”证书制度，中职学校的城市轨道交通运营服务专业可以设置一系列与该行业相关的职业技能考证项目，例如站务员、值班员、值班站长等岗位的职业资格证书考试。

在课程设计中，我们可以将这些职业技能考证项目嵌入专业课程内，并依据考试要求设计具有针对性的教学计划与辅导。教师能够借助实际案例与行业经验，引导学生理解并掌握相关的知识和技能，同时进行模拟操作与实际训练，这有助于提升学生的实际应用能力。除此之外，学校还可以积极寻求与轨道交通运营服务企业的合作，为学生提供实习和实训的机会，让他们能在真实的工作环境中进行实践操作和技能训练。

通过引入“1＋X”证书制度，学生的考证通过率可得到提升，同时也增强了他们的职业竞争力。这样的制度不仅能够激励学生的学习积极性，增强他们对专业知识和技能学习的热情，而且通过获取职业资格证书，学生能够积累具体的技能和知识，并在就业市场中展现自己的实际能力，从而扩大就业机会。在这个过程中，学生的技能素养、职业素养以及道德修养也将得到全面的提升，培养出的学生更能适应和满足轨道交通行业的实际需求。

（一）构建融合“1＋X”证书制度课程体系

1. 课程内容整合

将城市轨道交通运营服务专业课程与城市轨道交通站务职业技能等级课程内容进行有效整合。专业课程会结合职业技能考核要求，引入相关的理论知识以及技能培训内容。例如，在《城市轨道交通行车组织》《城市轨道交通客运组织》以及《城市轨道交通安全管理》等专业课程中，我们会融入与城市轨道交通站务职业技能等级考核相关的理论知识点和实操要求。

2. 分别考核理论和实操

城市轨道交通站务职业技能等级证书（初级）考核将分为理论部分和实操部分。理论部分的考核内容可以通过与专业课程的整合得到实施。至于实操部分的考核内容，我们可以在《城市轨道交通车站设备》等实操课程中进行。

3. 调整教学方法和评估方式

针对融合“1＋X”证书制度的课程，我们会调整教学方法和评估方式，更加注重学生的实际操作和技能培养。在教学过程中，我们将加强实践训练和模拟操作，以帮助学生掌握实际操作技能。至于评估方式，我们将采用综合评价，这不仅可以考察学生的理论知识掌握程度，也会考查他们的实际操作能力和技能水平。

考核	内容	初级标准	融合课程
理论部分	行车组织及施工组织	站台作业、行车设备操作等技能	《城市轨道交通行车组织》
	客运服务	乘客服务、设备操作及简单乘客事务处理等技能	《城市轨道交通客运组织》
	票务运转	客服中心（售票亭）相关作业、设备操作及简单乘客票务事务处理等技能	
	应急处理	各类情况初期处理及人员疏散等技能	《城市轨道交通安全管理》
实操部分	站台门操作	单个站台门不能正常开关故障处理	《城市轨道交通车站设备》
	AFC（自动售检票系统）操作	自动检票机操作、半自动售票机操作	

在实施了以上的措施后，我们可以期待以下的结果：

培养学生全面掌握理论知识和实际操作技能。通过整合专业课程与职业技能等级课程的内容，我们能够确保学生全面掌握城市轨道交通运营服务的理论知识，同时也能掌握实际的操作技能。这样的课程设置不仅让学生能在理论上有所了解，更能让他们在实践中得到提升。

提高学生的职业竞争力和就业能力。这种融合课程和“1+X”证书制度的模式，能够帮助学生在毕业后取得职业技能等级证书。这不仅是对他们专业技能的一种证明，也将大大增加他们的职业竞争力和就业机会。

满足行业人才需求。此种教育模式的推行，也是对满足城市轨道交通行业对高素质人才需求的有力响应。通过系统的教育和实践训练，我们能够为社会培养出一批具备专业理论知识和实践能力的高素质城市轨道交通运营服务人才。

（二）城市轨道交通站务仿真实训室建设

城市轨道交通运营服务专业实训室的建设需要充分考虑职业岗位需求和相关项目需求，以提供符合行业要求的实用技能训练场所。根据城市轨道交通运营服务专业的职业岗位需求，确定实训室的技能训练重点。训练重点包括城轨行业常用设备的操作技能、运营管理流程的模拟实操、应急处置和安全意识培养等方面的训练。

考虑各类技能比赛、城轨企业的培训以及职业技能等级鉴定等项目需求。为此，实训室需要配置符合比赛和鉴定要求的设备和场地，提供相应的培训和实操环境。

实训室的设计要注重实用性，提供与实际工作场景相符的设备和模拟环境。同时，要确保实训室的安全性能，配备必要的安全措施和设施，保障学生在实训过程中的安全。设计实训室的布局要合理，使学生能够充分利用实训设备和空间进行训练。同时，建立实训室的相关管理制度，包括安全操作引导、责任分工和管理流程等，确保实训室的规范运行和安全管理。

由于城市轨道交通的高使用率以及对安全性的相关要求，不适合在已建成的线路上进行大量的实地训练。为满足城市轨道交通运营公司及职业院校对相关人员的培养需求，建设城市轨道交通站务员仿真实训系统。该系统采用三维建模技术、语音识别技术、虚拟机器人系统、任务情景显示系统，以虚实结合的设计理念，搭配实物设备，为受训人员建立一个逼真的实训环境。系统涉及消防安全、客运组织、票务管理、乘客服务、行车组织、应急处置等相关技能知识。系统主要针对城市轨道交通运营与管理的核心岗位即站务员、行车值班员、值班站长进行培训和考核，可用于进行职业技能竞赛、岗位能力评估以及日常的实训演练。

1. 培训岗位

（1）培训岗位。

站务员、行车值班员、值班站长。

（2）培训模式。

系统是以协作配合的方式进行实训以及考核；系统同时利用“智能评判与考核系统”对学员的实训进行考核评判，提供成绩单。

（3）培训效果。

让学员快速掌握票务系统、现场火灾应急处置、行车作业办理、信号故障处置、站台门故障处置、手摇道岔的操作流程与规范。

2. 培训内容

<table>
<tr><th>序号</th><th colspan="2">任务分类</th><th>培训内容</th></tr>
<tr><td rowspan="9">（1）</td><td rowspan="9">票务系统</td><td rowspan="5">TVM（自动售票机）操作和故障处置</td><td>TVM 开站作业</td></tr>
<tr><td>TVM 发卡模块故障处置</td></tr>
<tr><td>TVM 硬币模块故障处置</td></tr>
<tr><td>TVM 纸币模块故障处置</td></tr>
<tr><td>TVM 关站作业</td></tr>
<tr><td rowspan="4">英语问询</td><td>询问乘车路线</td></tr>
<tr><td>询问首尾班车</td></tr>
<tr><td>乘客问路</td></tr>
<tr><td>询问票务</td></tr>
</table>

（续表）

序号	任务分类		培训内容
(2)	现场火灾应急处置		站厅 A 端 TVM 着火
			站厅 B 端商铺着火
			站厅付费区书报架着火
			站台 B 端垃圾桶着火
(3)	行车作业办理		上岗确认车控室设备状态 上岗确认站台门工作状态
			完成接收控制权操作
			组织管辖车站范围内图定列车按计划运行
			列车计划性出段
			列车计划性入段
(4)	应急处置	信号故障处置	办理信号重开作业
			列车出站紧急停车按钮点亮的处置
			办理区故解作业
			道岔单独锁闭
			道岔单解
			扣车和取消扣车操作
			设置和取消轨道临时限速
		站台门故障处置	单门关门故障先期处置
			单门开门故障先期处置
			多门关门故障先期处置
			多门开门故障先期处置
(5)	手摇道岔处置		手摇定位处置
			手摇反位处置

3. 系统组成和功能

（1）虚拟站台门。

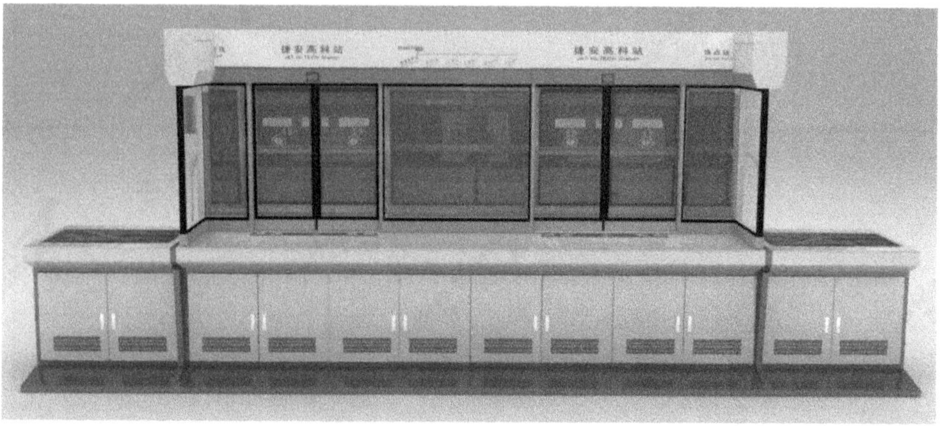

虚拟站台场景硬件设备是一种使用先进的三维虚拟技术和计算机信息技术，真实模拟站务员工作环境的设备。它以逼真的图像和声音，再现站台门的开启和关闭、列车的到站和离站，以及在应急情况下的站台门操作等场景。

通过高质量的显示器拼接技术，可以生成高清晰度、高真实感的三维虚拟站台环境。同时，通过与实物站台门控制设备的互联，能够实现操作手感的真实性，使得学生仿佛置身于实际的站务员工作环境中。

虚拟站台门设备可以与车站模拟系统的 IBP 综合后备盘、列车自动监控系统和综合监控系统软件连接，实现系统的自动控制、综合监控系统的监视以及综合后备盘的应急控制功能。这种高度模拟性能使得这种设备不仅可以用于学生的实操训练，也可以用于模拟各种应急情况，提高学生的应急处理能力。

这种设备的使用场景非常广泛，可以应用于站务员的新员工培训，也可以用于老员工的技能复习和提升。还可以在设计新的站台或者调整站台运作流程时，进行虚拟模拟和验证。

（2）虚拟 TVM（自动售票机）设备。

虚拟自动售票机是一种采用触摸大屏的形式，对自动售票机进行三维呈现的设备。这种设备可以提供实时、可交互的操作环境，模拟各种售票机的正常操作和故障处理流程。使用触摸大屏，可以实现与虚拟售票机的实时交互。学生可以像操作真实的售票机一样，通过触摸屏幕上的按钮和菜单进行操作。同时，由于采用了三维呈现技术，这种设备能提供更加真实和直观的操作体验。虚拟自动售票机能模拟多种正常操作流程，如 TVM 开站、TVM 关站等。此外，还可以模拟各种模块（如发卡模块、硬币模块、纸币模块等）的故障处理，帮助学生掌握如何应对各种故障情况。通过虚拟自动售票机的训练，操作员可以在不会对实际运行产生影响的情况下，掌握操作流程和故障处理方法。这不仅可以提升工作效率，还能减少由于操作失误引发的问题。在虚拟环境中进行训练，操作员无须直接接触实际设备，能够有效地避免由于操作失误导致的设备损坏或人员伤害。

（3）虚拟灭火设备。

灭火模拟系统是一种利用高级计算机技术和虚拟现实技术，提供真实的火灾应急训练环境和评估工具。这种系统可以提供实时的人机交互，自动判断用户的灭火操作是否正确，并给出评分。系统可以通过自动判断所选择的灭火器种类、检查、拔销、所处风向、寻找风口等灭火方法是否正确，并自动打分，以评估训练人员的操作水平和响应速度。系统可以显示不同的火灾场景，包括站台、站厅等环境。这种丰富的环境模拟，可以让训练人员在不同的环境和情况下进行灭火训练。

训练考核不仅包括穿戴消防战斗服，灭火等基本任务，还包括如何在火灾发生时，正确组织和恢复站台或站厅的客运组织任务。

这种模拟系统的使用，可以有效地提高城市轨道交通工作人员在火灾发生时的应急反应能力，增强他们的自我保护能力和灭火技能，从而为城市轨道交通的安全运营提供了有力的保障。

（4）车站控制室。

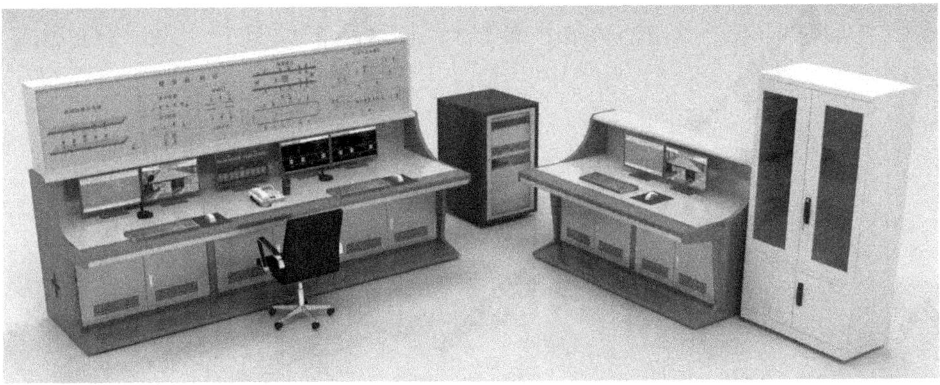

车站控制室的模拟系统可以用于考核车站工作人员在正常行车作业办理和信号故障处置等任务方面的能力。具体来说，该模拟系统可以提供以下功能和特点：

①正常行车作业办理：模拟系统可以模拟车站控制室的实际工作环境，包括行车调度、列车进出站管理、列车间隔控制等。通过该系统，工作人员可以学习和实践正常的行车作业流程，并进行模拟操作，以提高他们在实际工作中的准确性和熟练度。

②信号故障处置：模拟系统可以模拟不同类型的信号故障情况，如信号灯故障、信号设备故障等。工作人员可以通过系统模拟的故障情况，学习如何准确识别和判断故障原因，并采取相应的处置措施，以确保列车运行的安全性和正常性。

③任务考核和评估：模拟系统可以根据设定的任务和考核标准，对工作人员的操作进行实时评估。系统会记录工作人员的行为和决策，并根据预设的指标给出相应的评分和反馈。通过这种方式，工作人员可以了解自己的工作表现，并找到改进的方向。

通过车站控制室的模拟系统进行正常行车作业办理和信号故障处置

等任务的考核，可以提高工作人员的应变能力和操作技能。这种模拟系统为他们提供了一个安全、真实的训练环境，使他们能够在实际工作中更加熟练和自信地应对各种情况，确保车站运行的高效性和安全性。

（5）调度台。

在车站控制室中，调度监控大屏起着关键的作用。通过调度监控大屏，调度员可以实时监视实物道岔、站台门的状态，了解车站的运行情况。此外，虚拟站台和站厅情况也可以通过大屏进行模拟展示，让调度员对整个车站的情况有清晰的了解。

调度监控大屏还可以用于监视全线列车的运行情况，并对列车进行调整。调度员可以通过大屏上的信息，了解每一列车的位置、速度和行进方向，及时做出相应的调度决策，以确保列车的运行顺利和时刻表的准确性。此外，调度员还可以使用大屏发布调度命令，如停车、发车、减速等，以调整列车运行。

大屏监控系统还可以实时监视车站现场的情况，包括人员流动、乘客服务等。调度员可以通过大屏观察各个区域的情况，发现异常现象或问题，及时采取相应的措施。此外，调度员还可以通过大屏发布广播信息，向乘客传达相关信息，如列车晚点、站台变更等，确保乘客能够及时获得准确的信息。

在突发事件发生时，调度监控大屏也发挥着重要的作用。调度员可以通过大屏了解突发事件的情况，及时采取应急处置措施，并向现场人员发布指示和命令，以确保安全和秩序。

（6）实物道岔转辙机。

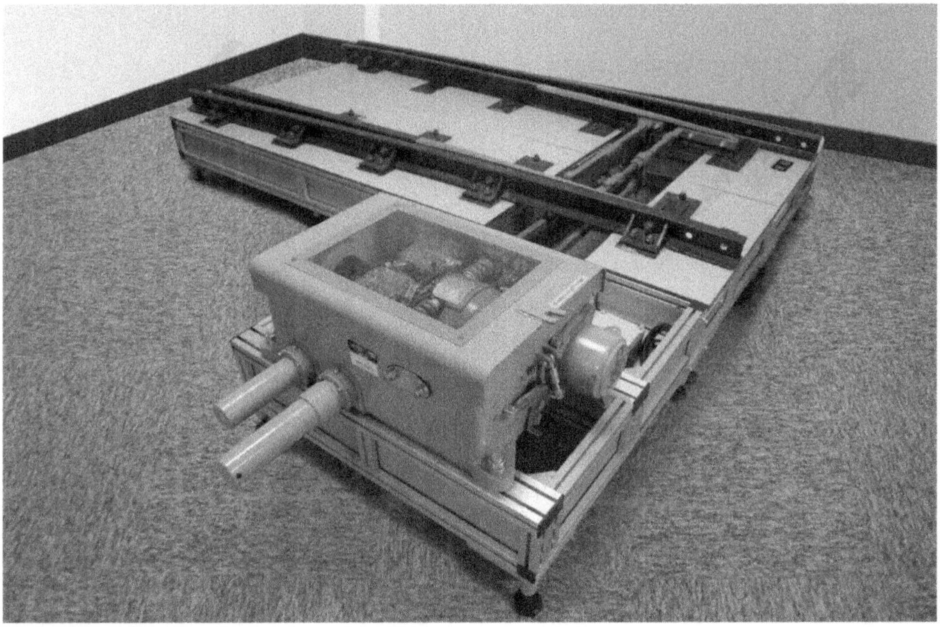

该道岔转辙机可用于非正常情况下的人工办理进路，考核学员手摇道岔以及利用钩锁器钩锁道岔。

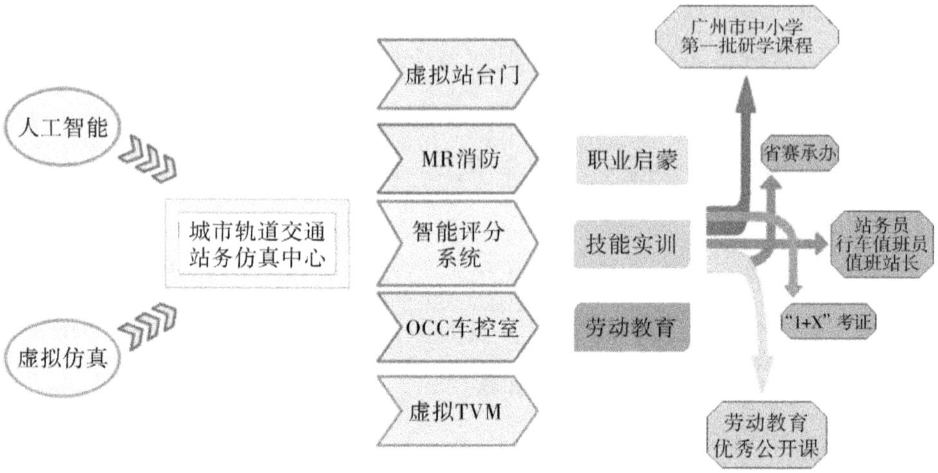

（三）城轨专业实训室与"1+X"证书制度融合

为了构建符合需求的城轨运营实训室，建议采取以下措施。首先，需要设置乘客服务中心、客运服务实训室和接发列车实训室等不同功能区域，以覆盖城轨运营的各个方面。乘客服务中心应配备 BOM（半自动售票机），用于学生实践操作，包括设备的识别、登入、发售单程票和处理乘客票务等。客运服务实训室则需配置自动检票机，供学生练习识别闸机、判断闸机方向和闸机更换票箱等操作。接发列车实训室则需要设立站台门，供学生练习站台门的基本结构、LCB（就地控制盒）操作、门头指示灯的使用以及发现和处理故障门等实操技能。

考虑到城市轨道交通实训室的高使用率和安全性要求，建议采用城市轨道交通站务员仿真实训系统。同时，系统应具备练评结合的功能，并引入"1+X"证书制度。在学生进行实操训练时，系统应通过语音识别技术将学生讲述的内容录入系统进行语音校对，实操部分则通过操作进行自动计分。学生完成操作后，系统应进行语音和操作分数统计，并及时反馈学生的不足之处。

在实训室的初期建设阶段，可以结合“1+X”证书的教学内容进行模拟仿真实训场地的设计，认真落实教育部有关文件政策，并争取获得“1+X”城市轨道交通站务职业技能等级证书考核站点的资格，以成为试点学校。这样的举措可以提高学生的职业竞争力和就业能力，更好地满足城市轨道交通行业对高素质人才的需求。

（四）实施“1+X”证书制度和信息化的课证融通教学

为了有效整合“1+X”证书和信息化教学，建议采取以下措施来转变教师的角色、改变教学方法，并进行教学内容的改革，以逐步建立以学生为中心的教育生态。教师需要成为学生的指导者和引导者，从传授知识的角色转变为促进学生自主学习和探索的角色。教师应该关注学生的个体差异和学习需求，提供个性化的指导和支持。采用任务式教学方法可以将学习与实际问题解决相结合，激发学生的学习兴趣和动力。通过项目、案例、实践等任务，让学生在实际情境中进行探究和应用，培养他们的问题解决能力和综合素质。教学内容应与“1+X”证书的考核要求相结合，注重实际操作和实践技能的培养。将课堂内容与实际案例、行业实践相结合，让学生通过解决实际问题和完成实际任务来掌握知识和技能。利用信息化技术和教学工具，提供在线学习资源和互动平台，支持学生自主学习和合作学习。教师可以利用教育技术工具设计在线学习活动，提供实时反馈和评估，促进学生的主动参与和深入学习。

1. 在超星平台上将信息化融入课前准备和课后作业

利用超星平台进行课前预习和课后作业的设计，可以有效提高学生的学习积极性和参与度，增强课堂教学的学习动力。以下是具体的步骤和优势：

（1）课前预习阶段。

①教师可以在超星平台上制作与“1+X”证书考核要求相关的微课视频，包括半自动售票机售票操作和自动检票机更换票箱操作等内容。

②在视频中，教师可以结合实际操作演示和解说，引导学生了解操作步骤和技巧。

③教师还可以设计相关的讨论题和测试题，鼓励学生思考和讨论，在预习阶段就加深对知识点的理解和应用。

（2）课后作业阶段。

①教师可以通过超星平台布置作业，要求学生完成相关的实操练习，并录制短视频上传。

②学生完成实操后，教师可以在平台上观看每位学生的实操练习情况，并进行评价和指导。

③对于操作不准确的作业，教师可以及时指导学生重新完成，并在平台上进行反馈和评分。

（3）优势。

①提高学生的学习积极性：通过预习微课和设计的讨论题、测试题，激发学生的学习兴趣和主动性，增加他们在课堂前的学习动力。

②实时了解学生的预习情况：通过超星平台，教师可以及时了解学生对预习内容的掌握情况，为课堂教学做好准备，有针对性地进行教学方案调整。

③丰富课堂教学形式：通过超星平台的作业设计，将实操练习和短视频上传与课堂教学相结合，丰富了课堂教学形式，增加了学生的参与度和互动性。

④提供及时指导和反馈：教师可以通过观看学生上传的实操练习视频，及时指导学生改进操作技巧，提供针对性的反馈和评价，帮助学生不断提高实操能力。

通过利用超星平台进行课前预习和课后作业的设计，可以有效促进学生的学习参与和实操能力的提升，提高教学效果，并逐步实现以学生为中心的信息化教学模式。

2. 实施理实一体化教学

在城轨运营实训室中，由于半自动售票机和自动检票机工位有限，学生无法在一节课中进行全面的实操训练。因此，我们建议采用理论与实操相结合的教学方法，以提供更全面的培训。在教学过程中，可以由两位教师共同承担教学任务，一位负责理论教学，另一位负责实操演示，以保证学生能够全面理解和掌握相关知识和操作技能。

在理论教学方面，可以采用希沃白板等多媒体工具进行教学。教师可以绘制半自动售票机操作的思维导图，帮助学生理清实操流程和思路，并鼓励学生进行发散思维。同时，可以制作希沃小游戏，如《半自动售票机认知》和《自动检票机操作规范》，让学生小组合作完成，既能学习规范操作，又能增加课堂学习的趣味性。为了帮助学生快速掌握实操操作流程，可以设计半自动售票机和自动检票机操作的 FLASH 动画，让学生在电脑上进行练习。这样学生可以根据需要自主选择练习时间和频率，提高操作技能的熟练度。

在实操训练中，可以结合实际岗位进行情景模拟。一位学生扮演乘客，另一位学生扮演站务员，进行售票操作。根据“1 + X”证书要求，学生可以完成买单程票和处理不能正常出站或进站等票务事务的练习，以提升他们的操作能力和应对复杂情况的能力。

除了技术技能培养，还可以融入思想政治教育。引入《广州地铁的 24 小时》微课，让学生更深入地了解自己所从事的城轨行业，并引导学生提升对工作的热爱和敬业精神。通过这样的引导，学生将更充分认识到自己的职业使命和责任，进一步激发他们的学习热情和职业意识。

通过以上优化和详细论述，城轨运营实训室的教学方法将更加多样化和综合化，充分满足学生的学习需求，提高他们的操作技能和专业素养。同时，通过思想政治教育的引导，还将培养学生的职业道德和敬业精神，使他们成为优秀的城轨行业人才。

3. 多样化的教学评价方式

通过采用线上线下相结合的混合式教学模式，可以更好地激发学生的学习兴趣和参与度。教师可以利用超星平台提供的多种功能，如选人、投票、小组竞争等，将原本枯燥的知识呈现出来，增加互动性和趣味性。学生可以通过参与活动和竞争，积极投入学习，并提高对知识的理解和记忆。超星平台的记录和评价功能可以及时记录学生在各个环节的得分情况，并提供相应的评价和反馈。教师可以根据“1 + X”证书考核标准，对学生进行测评，评估他们的掌握程度和实操能力。这样的评价体系可以帮助学生及时发现自身的不足之处，并加以改进和提升。在实操训练中，通过岗位情景模拟，学生可以真实体验票务处理的要点和流程。这不仅提高了学生的团队协作能力，还增强了学生在岗位技术方面的能力。学生在模拟的实际情境中进行操作和决策方面的训练，培养了他们的实际应用能力和解决问题的能力。

采用线上线下相结合的混合式教学模式，并结合超星平台的功能和评价体系，可以提高学生的学习兴趣和参与度，帮助他们更好地掌握知识和技能，为“1 + X”证书考核提供支持，并培养学生的团队合作能力和岗位技术能力。

4. 实施以赛促课的教学模式

通过组织校内的学生技能竞赛和文化节活动，可以激发学生对城市轨道交通运营服务专业的兴趣，并鼓励他们积极参与相关实训课程和竞赛活动。教师可以设计各种技能项目，如应急处理、自动检票机操作、半自动售票机售票等，以满足“1 + X”城市轨道交通站务职业技能等级证书考核的要求，并调动学生参加竞赛的热情。在校内竞赛中，教师需要确保竞赛的公开、公正进行，结合职业能力测评，评估学生的技能水平和表现。通过竞赛，学生能够在实践中提升自己的技能，并将所学的知识和技能应用到实际操作中。

此外，组织学生参加“一带一路”暨金砖国家技能发展与技术创新大赛中的城市轨道交通服务员技能赛，可以进一步提升教学质量。这样的比赛将竞赛内容与专业人才培养、课程体系和教学计划改革相结合，构建校、企、教、赛共享共赢的局面。

这些实施方法有助于提高中职学校城市轨道交通运营服务专业的教学质量和学生的职业技能水平。学生通过参加竞赛和比赛，能够全面发展自己的技能和能力，增强就业竞争力，为将来的就业做好准备。同时，这也有助于推动教学改革，提高教育培训质量，促进学生的综合素质提升和职业能力的提高。

三、融合人工智能的《智能交通概论》课堂革命研究与实践

在以物联网、人工智能等新技术的引领下，交通运营服务正迈向新的发展阶段。为了适应这一变化，学校以教育信息化为契机，成立了跨专业协同创新团队，并在《智能交通概论》课程中进行了改革实践。该团队基于 STEM 项目学习（PBL）整合的理念，将人工智能与交通专业知识融合起来，通过编写新形态的教材、设计课程内容以及制作人工智能教具和资源等方式进行教学创新。同时，还建设了 MOOC 平台来支持教学改革，以智能交通实际应用场景为主线，推动任务引领型课堂的革命实践与研究。

这一改革措施的核心在于将人工智能技术与交通运营专业知识相融合，通过实际应用场景的任务导向，使学生在课堂中能够解决具体问题

并进行实践操作。这种基于任务的学习模式激发了学生的学习兴趣和创造力，培养了他们的综合素质和实践能力。通过教材、课程、资源和课堂的整合，学生能够更好地理解人工智能在交通运营领域的应用，并掌握相关技能和知识。

这一实践探索取得了显著的教学效果，师生们都受益匪浅，并为实训类课程混合教学改革探索出了一条可行的路径。不仅如此，这一改革措施还为其他类似专业的教学改革提供了有益的借鉴，推动了教育信息化与专业知识的融合，培养了符合时代需求的高素质人才，为交通运营服务行业的发展做出了积极贡献。这种以人工智能为驱动力的教学模式也体现了学校与行业的密切合作，促进了教育与产业的良性互动，为培养适应未来交通行业需求的人才提供了有力支持。

（一）拟解决的问题

1. 应用背景

国家发布的《交通强国建设纲要》标志着交通运营服务正迈入新的发展阶段，以人工智能为代表的新技术正引领着这一变革。新业态的出现，如定制客运、网约车、北斗导航、自动驾驶等，对职业院校交通行业从业人员的培养提出了更高的要求。政府相关政策的推动，如《国务院关于加快发展现代职业教育的决定》和《中国教育现代化 2035》等，促使广州市交通运输职业学校积极响应，并加强教育信息化建设，以加快培养具备智能交通技术素养的新一代交通人才。

在这样的背景下，学校抓住机遇，致力于顺应时代发展趋势，为学生提供更优质的教育和培养。学校加强教育信息化建设，利用先进技术和教学手段，推动教育与科技的深度融合。通过引入人工智能技术，学校致力于培养具备智能交通技术素养的学生，使他们能够适应行业变革和创新需求。学校加强师资队伍建设，提升教师的专业水平和教学能力，以更好地引领学生的学习和发展。

此外，学校还注重与企业和行业的紧密合作，建立实习基地和合作项目，使学生能够接触真实的工作环境和实践操作，提升他们的实际能力和职业素养。学校积极推动学生参与科研和创新实践活动，培养学生的创新思维和解决问题的能力。通过综合素质教育的开展，学校全面培养学生的综合素质，包括专业知识、技术能力、创新精神、团队协作和社会责任感等方面。

学校以教育信息化为契机，积极响应国家政策，致力于培养适应交通运营服务发展需求的高素质人才。通过整合教育资源、引入人工智能技术、加强与企业和行业的合作，学校为学生提供了更广阔的发展平台和优质的教育资源，努力培养出具备智能交通技术素养的新一代交通人才，为交通行业的发展做出积极贡献。学校在教育信息化建设方面，将以人工智能技术为核心，整合新的教学模式和教学资源，构建一个适应现代交通行业需求的教育体系。通过引入先进的教育技术和智能化设备，学校将培养学生掌握智能交通技术的能力，包括数据分析、人工智能应用、智能系统管理等方面的知识和技能。

学校在培养新一代交通人才的过程中注重学生的实践能力。首先，学校将致力于更新和完善实验室设备，以提供更多的实践机会给学生。学生可以通过实际操作来巩固和应用所学的知识和技能，提高实践能力。其次，学校将积极与交通企业合作，为学生提供实习和就业机会。学生将有机会在真实的工作环境中实践所学，提升专业能力和适应行业需求的能力。

为了提高教学质量和教育效果，学校还将充分利用现代化教育资源，构建多元化的教学模式。采用线上线下相结合的混合教学方式，学生可以在不同的学习环境中获取知识和技能，灵活选择适合自己的学习方式。

学校还将建设 MOOC 平台，提供丰富的在线课程和学习资源，让学生能够根据自己的学习进度和兴趣进行学习，并且可以随时回顾和巩固所学内容。

通过上述措施，学校致力于培养具备智能交通技术素养的新一代交通人才。这些人才将具备扎实的理论知识和丰富的实践经验，能够适应交通行业的新技术和新业态发展的需求。学校的努力将为广州市乃至全国交通运输行业的发展提供有力的支持，同时为学生提供更广阔的就业机会和发展空间，助力他们实现个人价值和职业发展。

2. 问题的提出

智能交通的发展是科学技术不断转化为现实交通生产力的过程，涉及交通、电子、计算机等多学科的协同。然而，在当前的中职交通类专业人才培养课程体系中，智能交通方面的课程教学存在以下问题：

（1）教材适用性差：现有的《智能交通系统概论》教材过于复杂深奥，主要研究交通系统的原理与构成，与中职交通类专业入门与基础的课程属性不适配。同时，由于智能交通的快速发展，传统教材已无法满足混合教学的需求。

（2）教学实训难以开展：由于交通设备结构复杂、安装困难且价格昂贵，现场教学存在较大的交通安全隐患。在《智能交通概论》课堂上，如何让中职学生从 passively watching videos and learning theory（从被动看视频）转变为 actively doing and learning（主动动手做与学），从而提升教学效果，成为普遍存在的难题。

（3）教师行政编制对跨学科课程建设的制约：职业学校行政划分一般以专业为主导，单一专业系部的教师难以有效开展涉及多学科的智能交通类课程的备课与资源建设。

（二）解决思路——融合人工智能的课堂

在遵循学生职业成长规律、认知规律和职业教育特征的前提下，学校采取以下思路来解决《智能交通概论》教学困境，推动课堂革命并融合人工智能技术。

（1）组建跨专业协同创新教学团队：学校可以邀请具有智能交通领域专业知识和教学经验的教师组成跨学科的教学团队。这样的团队可以共同研发教材、资源和教具，整合不同学科的知识和技术，实现教学内容的综合性和前沿性。

（2）开发融合人工智能技术的教材、资源和教具：结合人工智能技术的发展和智能交通行业的需求，学校可以开发符合中职交通类专业学生学习特点的教材，以简明易懂、生动有趣的方式介绍智能交通的基本原理和应用。同时，结合人工智能技术的教学资源和教具，如虚拟实训平台、智能交通模拟系统等，为学生提供实践操作和场景模拟的机会。

（3）强调工学结合和综合素养培养：在课堂教学中，强调理论与实践的结合，让学生在真实的交通场景中学习技术知识，通过参与实操、模拟应用等方式培养实际操作能力。同时，注重学生的综合素养培养，如沟通能力、团队合作能力、创新思维等，培养学生适应智能交通行业发展的综合能力。

（4）结合 STEM 教学理念和思政教育：借鉴 STEM 教学理念，将科学、技术、工程、数学等学科融入智能交通课程中，培养学生的跨学科思维和解决问题的能力。同时，在课堂教学中进行润物无声的思政教育，引导学生树立正确的职业道德和社会责任感。

（5）创新开发智能交通认知与模拟搭建项目任务：团队结合智能交通基础知识和日常应用场景，利用开源平台成熟的软硬件资源，开发多种智能交通任务项目。这些项目任务将抽象和枯燥的基础理论转化为

"模糊任务"，并融入虚拟仿真、机器视觉等人工智能技术，使学生能够在丰富的模拟交通场景下进行实践操作。

（6）借助 STEM 教学理念提高课堂贴合度：通过将任务置于模拟交通场景中，控制交通变量并设定明确目标，教师可以通过学生模拟搭建的作品来评价他们对智能交通相关知识的认知和理解程度。这样的教学方法将课堂学习内容与现实岗位工作内容更好地贴合，激发学生的学习兴趣和动力。

（7）优化教学项目所需资源和人工智能教具：根据反思研究成果，团队会进一步优化教学项目所需的相关资源和人工智能教具，确保教学过程的顺利进行，并持续改进和修订研究资料，保持教学内容的前沿性和适应性。

团队以智慧教育为目标，通过科学利用机器视觉、虚拟仿真等新一代人工智能技术，结合学校的智慧校园建设，大力推进智慧课堂建设。通过开发各种教学资源，如微课、慕课、新形态教材、VR 虚拟仿真软件、仿真实训室等，实施线上线下混合教学，并构建多元化、智慧化的教学评价体系，开展学生数据画像分析。这样的措施旨在推动教学模式创新，开展个性化教学，提升教师信息化能力，降低实训安全事故风险，提高工学结合课程教学效率，以及提高学生管理效率等目标的实现。

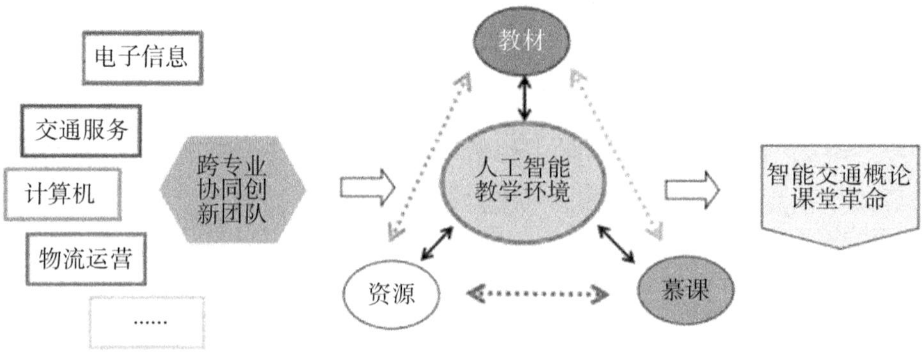

（三）实施策略及过程

1. 跨专业教学团队组建

由于智能交通涉及多个领域前沿技术的整合，学校组建了一支涵盖交通管理、电子信息技术、城市轨道交通、物流等跨专业的教师协同创新团队，多领域技术与教学相互融合，科学灵活的工作机制和教师评价制度，为课程建设与改革打下了坚实的基础。

2. 新形态教材的编写

课程以智慧教育为目标，编写与中职学段相适应的新型教材，摈弃传统教材以系统技术为模块的编写方式，从生活中学生能接触到的智能交通场景出发，系统地讲授城市道路交叉口交通信号控制、卫星导航、智能停车场、城市公共交通、车辆自动驾驶技术等九种智能交通场景背后的基本理念、核心技术和发展趋势，每个场景都分为知识模块和模拟实验部分，相互关联融合，由浅入深，引导学生探究智能交通场景背后的工作原理与技术知识。结合实验工作页，现场体验指南，同时通过二维码接入外部数字化资源与 MOOC，使传统纸质教材升级为混合教学模式下的“纽带”和“平台”。

3. 多维度人工智能技术融合的混合教学模式

在中职课堂上，让学生动起手来，是最为有效的教学方式。团队开发出多种人工智能教具及配套的智能交通认知与模拟搭建实验（实训）任务，实现协作学习、实验研究、模拟、项目式学习等以学习者为中心的教学策略。实验与 MOOC 结合的混合式教学不再停留在简单的“线上＋线下”，而是理实一体的相辅相成：利用虚拟仿真技术，模拟演练，提高实验效率；通过人工智能教具，将优化付诸实践，用结果修正方案，线上与线下课堂不再是分离式的“翻转”，而是各取所长的交互融合。

（1）创制人工智能教具，丰富教学内涵。

课程改革目标是构建理论、实践一体化的教学框架。将抽象难懂的基础理论，借助 Jetson nano 机器视觉系统、Arduino 系统等人工智能平台，通过结合智能交通基础知识和场景，开发与课程关联度高的智能交通认知和模拟搭建学习任务（人工智能教学道具），如：在利用 Jetson nano 机器视觉系统在课堂上实现车牌识别，人脸识别和自动驾驶；通过 Arduino 系统实现道路积水报警、智能交通灯等数十个实验，由浅入深，引导学生探究智能交通场景背后的工作原理与技术知识，加大学生实验实训部分的课程时长占比，丰富实验实训内涵。

（2）活用线上资源，突破学习时空限制。

以线上线下混合教学模式为改革方向，利用 MOOC 进行课程前置教学，延伸教学时间和空间；利用高德地图开放平台，以开发者的身份让学生自主体会对道路交通的设计以及电子地图的绘制，为智能交通地理信息系统、出行者信息系统、智能公交系统和智能车路协同系统的学习提供数据收集与处理的有效渠道，激发学生兴趣。

（3）借力虚拟仿真，破解教学难点。

对于课程内容量多且抽象的这一难点，使用表现形式丰富、交互性好的课程资源开展教学。利用三维建模进行课程软件开发，提取课程理论知识进行脚本的撰写，将枯燥的知识概念可视化，以更直观的方式呈现在教学课堂上。依靠交通控制虚拟仿真软件，将交通数据模型具象化，使学生在宏观环境中以高纬度视角设计与分析城市道路，模拟交通控制和违法处理、自主设计道路的交通路线、绿信比、交通枢纽等，并可模拟不同人流量和车流量状态下交通负荷状态。课堂教学结合 VR 进行，使用轨道交通驾驶员 VR 实训、轨道交通应急处理虚拟实训系统等，利用虚拟仿真技术，可以根据工作岗位构建相关的实训场景，最大限度调动学生学习的积极性，促进实训教学的飞跃性发展，解决交通现场教学的局限性。

（4）构建多元化、智慧化的教学评价体系。

利用智慧教学平台进行教学过程性数据收集，开展学生学习数据画像分析，在线上学习、线下实验、平台互动，自主探究，创新实践等方面进行综合评价。

（5）教师专业能力提升与协同合作为了适应智能交通课程教学改革的需求，学校积极推进教师专业能力提升。教师通过参加行业研修、岗位实践、教育信息化培训等方式，不断学习和更新知识，掌握智能交通领域的最新发展动态和技术应用。同时，学校鼓励教师之间的协同合作与共享资源，促进跨学科教师团队的相互支持和学科交叉融合。

通过以上解决思路的实施，学校能够有效解决智能交通课程教学中的问题。跨专业教学团队的组建和新形态教材的编写能够提供更全面、贴合实际的教学内容。人工智能教具和混合教学模式的运用可以激发学生的学习兴趣和动力，并提高实践操作的效果。而借助虚拟仿真和智慧教学平台，学校能够构建智慧化的教学评价体系，实现个性化、综合化的学生评价。最后，教师的专业能力提升与协同合作将为课程改革提供有力支持，确保教学过程的顺利进行。

第八章

数智化赋能职业教育的展望

当今世界正处于科技革命和产业变革的前沿，其中，数字化被视为引领全球未来发展的关键力量，以其独特的优势，正在全球范围内重塑经济形态，改变人们的生活方式，塑造新的国际竞争优势。针对这样的大趋势，世界各国纷纷以数字化为突破口，积极发布国家层面的教育数字化战略，致力于将现代信息技术与教育深度融合，以互联网的思维和方法，推动教育教学的创新发展。

在这一背景下，华东师范大学终身教授、上海智能教育研究院院长袁振国教授提出，智能教育应当是教育发展的高级形态，教育数字化转型不仅是教育优质均衡发展的内在需要，更是职业教育未来发展的必然趋势。他认为，我们应当利用现代信息技术，开展深度的教学改革，开发新的教育产品，探索新的教学模式，以此提升教育质量，满足社会发展的需要。与袁振国教授的观点相一致，孙善学教授、深圳职业技术学院党委书记杨欣斌教授和宁波职业技术学院党委书记张慧波教授等专家也都认为，在数字化快速发展的环境下，数字技能正在从专门开发数字产品和提供数字服务的特定部门和行业，快速扩散到全社会。数字技能越来越成为大多数职业和部门的基础需求，成为未来人才培养的核心内容。因此，以产业数字化应用场景为导向，推动教育专业的数字化转型，培养具备数字化技能的人才，不仅是教育改革的重要方向，也是应对社会发展需求的当务之急。

一、世界数字教育大会“职业教育数字化转型发展”论坛

在21世纪，数字技术已经嵌入到我们生活和工作的每一个角落，影响了我们处理问题、获取信息、与他人沟通的方式。经济、社会的发展都离不开数字技术的全程参与。数字经济以其前所未有的快速发展，广泛的辐射范围，深远的影响程度，正成为重塑全球经济结构，改变全球

竞争格局的关键力量。对于人才的需求和培养模式，社会也随着经济的变迁和科技的进步产生了新的要求。

面对这一变革，教育作为人才培养的主要阵地，自然也不能例外。数字化转型已然成为教育改革发展的首要任务，党的二十大明确地提出“推进教育数字化”。这是我们在新的历史阶段，对教育的新要求，也是我们对未来的新期待。

为了深入探讨这个话题，2023 的 2 月 14 日，世界数字教育大会在北京举办了一个重要的论坛，名为“职业教育数字化转型发展”。该论坛以“转型与重塑：数字化赋能职业教育新生态”为主题，邀请了来自全球 60 多个国家和地区的专家学者参与讨论。

在论坛上，教育部副部长翁铁慧首先发表了讲话，他强调了数字化对于教育改革的重要性，以及我们在这个过程中需要面对和解决的挑战。联合国粮农组织驻华代表文康农也在论坛上做了主旨报告，他分享了在全球范围内的职业教育数字化的最新研究和发展动态。除了主旨报告，来自国际劳工组织、澳大利亚、德国、瑞士以及我国职业教育领域的专家学者们也积极参与讨论之中。他们针对职业教育领域的数字化资源开发与应用、数字化治理能力提升等问题，分享了自己的实践经验和理解，希望能通过大家的共同努力，解决当前职业教育数字化转型面临的困难，破解困局，开创新局。

论坛强调要立足变局，主动适应和推动职业教育的数字化转型。这是因为，随着科技的飞速发展，如人工智能、大数据和云计算的广泛应用，教育的形式和方式正在发生深刻的变化。传统的职业教育方式已经无法满足新时代的需求，必须进行数字化的转型和升级。这一转型不仅涉及教育形式的变革，也包括教育思维方式的更新和教育内容的优化。

聚焦当前职业教育数字化转型面临的困局。虽然职业教育的数字化转型具有重要的战略意义，但在实际的操作过程中，往往会面临各种困难和问题，如师资力量的不足，技术设备的缺乏，以及教学理念的滞后等。这些问题不仅阻碍了职业教育的数字化转型，也影响了职业教育的教学质量和效果。

论坛着力于破解困局，提出用数字化思维来寻找解决方案。数字化思维是一种新的思考方式，它能帮助我们更好地理解和把握问题，从而找到解决问题的切实可行的方法。例如，可以利用大数据分析，对学生的学习情况进行精准的评估和预测，从而提高教学的针对性和效果。

论坛呼吁开拓新局，以职业教育的数字化转型为契机，寻求其高质量的发展。这要求我们不仅要注重技术的引入，还要重视教育理念的创新。只有在这两方面取得突破，职业教育才能真正实现高质量的发展。

职业教育作为国民教育体系和人力资源开发的重要组成部分，承载着对经济社会发展的重要支持与推动作用。这一观点，无论是在中国还是全球范围内，都已得到广泛的认同。更具体地讲，职业教育与经济社会的联系紧密，因此，随着经济社会的数字化转型，职业教育也必须积极适应新的形势，主动推进自身的改革与发展。在世界数字教育大会上，国际劳工组织的代表戴晓初对此做出了深刻的解读。他分享了国际劳工组织关于职业教育与培训和技能系统数字化的愿景与计划，明确指出，加快职业教育的数字化转型，以满足数字经济和社会日益增长的需求，对我们的可持续发展，尤其是新冠疫情大流行后以人为本的复苏具有重要的作用。德国驻广州领事馆前总领事冯马丁也持相同的观点。他认为，数字化和自动化的发展将深刻影响所有职业领域，一些传统的岗位可能因技术进步而被淘汰，同时，技术的发展也将孕育出一批新的工种，这就要求职业教育必须及时进行同步调整，以适应新的发展需求。清华大学教育研究院副院长韩锡斌教授对此有进一步的深入理解，他强调，高质量推进职业教育数字化转型发展的意义不仅在于推动职业教育本身的变革，更重要的是，这将有助于解决社会发展中的重大问题，因此我们必须积极主动推动转型。孙善学教授进一步指出，在过去的几年中，发展数字技能已经成为世界各国应对快速技术变革的政策优先选项。这一趋势在我国也同样明显。以新公布的《中华人民共和国职业分类大典(2022 年版)》为例，该大典首次标注了 97 个数字职业，这些新增的数字职业数量占本次修订新增职业数的 61%，占职业总数的 6%，这一举措不仅体现了我国对于提升全民数字素养的重视，同时也是对推动数字经济、数字技术快速发展的有效支持。

二、数智科技对职业教育的变革与影响

数智科技，作为新一轮全球产业革命的核心引擎，确实正在为全球数字经济发展注入源源不断的驱动力。它以前所未有的方式改变了我们生活和工作的方式，包括教育领域。就中国来说，近年来在推进教育信息化过程中，已经在运用数智科技改革教学方法、人才培养模式，构建新型智慧职教体系，以及提升信息技术引领职业教育创新发展等方面取得了显著的成果。数智科技使得教学方法可以更为灵活和个性化。人工智能和大数据技术可以实现自适应学习，根据学生的学习行为和反馈调整教学内容和进度。而云计算和移动互联网则使得在线学习和远程教育成为可能，学生可以在任何地方、任何时间学习。在数智化和智能化的趋势下，教育的目标也在转变，从单纯的知识传授向更加注重实践能力和创新思维的培养转变。同时，以职业需求为导向的教育也在受到越来越多的关注，中职教育就是其中的一个例子。借助数智科技，我们可以构建一个更加开放、灵活和高效的职业教育体系。通过在线教育平台，可以让更多的人接受职业教育，而且可以随时随地学习。通过人工智能和虚拟现实技术，可以模拟实际工作环境，提供更为真实的实践操作环境。信息技术不仅改变了教育的形式，也提供了新的工具和方法，促进

教育的创新发展。通过数据分析，可以对教育效果进行更为精确的评估，为教学改革提供依据；通过人工智能，可以实现教学的个性化和智能化，提高教学质量。

（一）信息融合与智慧教育

信息融合与信息重组是数智科技应用于当前职业教育的重要方式。数智科技能够在短时间内整合和重组大量知识信息，形成科学的技术技能知识体系。这为教学资源、企业资源、产业资源、社会资源等一切可以联结的资源融合提供了可能，从而丰富和提升了职业教育的质量和效率。在推动职业教育智慧化发展的过程中，在现有的合作模式、集团模式、产教融合模式等实体协作发展的基础上，我们可以进一步利用数字科技建立智能互动的智慧教育信息供给平台、常态化智慧课堂和大数据化智慧教育生态系统。

智慧教育信息供给平台，该平台将以云计算为基础，利用大数据和人工智能的技术，整合全国甚至全球范围内的教学资源、企业资源、产业资源和社会资源等。以此为基础，形成一个公开、透明、自动化的信息供给系统，可以将这些资源高效、快速地提供给教师和学生。同时，利用人工智能的自适应学习技术，可以根据每个学生的学习能力、进度、兴趣等特点，提供定制化的学习内容和路径，以最大化提高学习效果。

常态化智慧课堂，智慧课堂的目标是通过数字科技提高教学效率和教学质量。例如，通过虚拟现实和增强现实技术，可以在课堂上模拟实际的工作环境，使学生在真实的环境中进行操作练习，提升他们的实践技能。另外，利用人工智能和大数据技术，可以对学生的学习行为进行实时追踪和分析，根据分析结果及时调整教学方法和内容，实现个性化教学。同时，智慧课堂还可以实现教学过程的录制和回放，方便学生在课后复习和巩固。

大数据化智慧教育生态系统，这是一个利用大数据技术收集、处理和分析各类教育数据的系统，包括但不限于学生的学习数据、教学活动数据、教学资源数据等。通过这个系统，我们可以对教学效果进行客观、准确的评估，为教学改革和决策提供数据支持。同时，也可以对学生的学习行为进行深入分析，了解他们的学习状况、学习问题和学习需求，为个性化教学提供依据。

（二）数智技术与学科创新

智能化、信息化时代的特点是信息管道增加和数据量爆发式增长，这给传统的学科建设带来了深刻的影响。在数据的解构与重组下，原有知识正在不断更新，传统的学科边界被打破。数智科技促使社会化协同大规模发展，也推动了传统职业教育体系核心要素的重组与重构，催生了新型生产关系和新型协作岗位。因此，我们必须认识到，在信息化时代下，变革和创新是学科建设的关键。在这个变革的过程中，创新能力和智慧的提升显得尤为重要。学生的学习方式也必须随之改变。现在，信息的发展速度已经超过了人类大脑通过理解和记忆来跟上的速度。因此，未来的教育应该由传统的“理解记忆”模式，转向“知识的迁移、应用以及新知识的创造发明”模式。

未来的教育目标是提高学习者的学习能力和应用能力，提升他们的创新思维和智慧思维，不断推动人类社会发展的深度和广度。为了实现这个目标，我们需要增加学生对教育的选择性，推动教育的民主化。具体来说，学生应该可以根据自己的价值观、兴趣和爱好，选择适合自己个性发展的学习方式和学习内容。这将有助于学习者的个性化和多样化发展，进而推动教育的全面进步。这也要求教育者和教育机构必须进行相应的改革。例如，教育者需要更新自己的教学理念和方法，提高自己的数字科技应用能力，学会利用大数据和人工智能等技术进行教学。教育机构需要打破传统的教育模式，建立更为开放、灵活和多元化的教育体系，以适应信息化时代的教育需求。学科创新是智能化、信息化时代教育变革的关键，我们需要在保持教育本质的同时，积极探索和实践新的教育模式，以应对快速发展的信息化时代带来的挑战。

（三）融合跨界

在数智技术与职业教育的融合过程中，跨界配合和多方协力的重要性不容忽视。这一过程搭建了两者之间沟通的桥梁，跨越了数智科技虚拟教育和线下实体教育的界限，实现了两者之间的融合。教育供给的模式正在发生根本性的变化。从竞争资源转变为协同合作，从直线型的中心组织管理转向去中心化、泛化管理。这意味着，教育资源的配置和管理更加强调灵活性和效率。例如，通过大数据智能技术平台、远程教育平台等，可以对职业教育资源进行整合和共享，跨越教育边界，与市场、行业、企业以及职业教育培训机构对接，提供更加便捷的智慧化服务。人才培养的过程也需要更多的跨界配合和多方协力。在人才培养的初期，我们需要将产业端人才岗位的真实需求梳理清晰、了解充分，基于这些需求构建人才岗位能力模型、制定相关专业的人才培养方案。这需要学校和企业、行业进行紧密的合作。政府是搭建跨界配合和多方协力平台的关键参与者。政府可以通过制定合理的政策和标准，为职业教育的数字化和智能化提供政策支持，例如设立专项资金支持数字化教育项目，提供税收优惠等。同时，政府可以推动学校、企业和行业之间的深度合作，例如建立产学研一体化的合作机制。教育机构是数字科技在职业教育中的实施者。教育机构可以利用大数据智能技术平台、远程教育平台等手段，实现教育资源的整合和共享。同时，教育机构也需要在人才培养方案的设计上，考虑到产业端的真实需求，以提升人才培养的质量。企业是职业教育的重要需求方，也是实践教学的重要场所。企业可以提供实习实训机会，为学生提供真实的工作环境和实践经验。同时，企业也可以与教育机构共同开展研发活动，提供行业最前沿的知识和技术。学生是职业教育的直接受益者。在跨界配合和多方协力的过程中，学生不仅可以获取更多的学习资源和机会，还可以通过实践，提升自己的职业技能和就业竞争力。

（四）持续教育与学习

在数智科技时代下，持续教育成为新的趋势。在这个环境下，教育不再只局限于特定的时间和地点，而是可以在任何时间、任何地点进行。这就要求我们把握住以下几点。

泛在学习。随着互联网、移动互联网和人工智能的发展，学习的环境和模式正在发生改变。学习不再仅仅局限在学校，也可以在家庭、社区、工作场所等地方进行。同时，学习的时间也不再局限在特定的时间段，而是可以随时随地进行。这种泛在学习的趋势，为持续教育提供了可能。

在线教育。在线教育使得全球优质教育资源得以共享，打破了地域和时间的限制，为持续学习提供了便利。通过在线教育，学习者可以随时随地进行学习，满足他们的个性化学习需求。

人工智能在教育中的应用。人工智能的发展为持续教育提供了强有力的技术支持。人工智能可以提供个性化的学习推荐，根据每个学习者的学习习惯和能力进行个性化教学。此外，人工智能还可以提供智能化的学习辅助工具。

学习者主动学习的心态。在持续教育的环境下，学习者需要有主动学习的心态。他们需要理解学习是一种终身的任务，不仅仅是为了应对当前的工作或者生活需求，更是为了提升自己的能力和素质。

数智科技的发展为终身教育提供了可能和机遇。在此背景下，我们需要打造一个开放、包容、共享、平等的学习环境，让每一个人都能享受到持续教育的机会。

三、数字化赋能职业教育的发展趋势

在教育发展的历程中，我们可以区分出三次教育革命。

第一次教育革命发生在教育还未形成完整体系的时期。这一阶段的学习过程主要发生在家庭和社区中，学习者通过观察和模仿来获取新知识，而学习的内容主要源自日常生活和工作。这一时期的教育尚未有明确的学科分类，也没有固定的教学方法，教与学更多依赖个体间的直接交流。

第二次教育革命以制度化教育为标志。在这个阶段，学校和大学这类教育机构开始出现。这些机构不仅设立了明确的教学目标和课程体系，也形成了一套固定的教学方式。在这个阶段，教育开始规范化，教与学的过程也开始制度化。

第三次教育革命以大众化教育为焦点，随着印刷技术的出现，知识传播的速度和范围都得到了极大的提升。书籍和报纸的广泛流通，使得教育的受众群体得以扩大，知识的普及程度得以提高。

虽然每次教育革命都有其自身的突破，但教师在教育过程中始终占据主导地位，教与学的基本模式并没有发生根本性的改变。

现在，我们正处于第四次教育革命的时代。这次革命的推动力是信息科技特别是人工智能。在这次革命中，教育的方式将发生深刻的变化：智慧校园将让学习变得更加个性化和高效；智慧学伴可以提供个性化的辅助学习，以适应每个学生的学习进度和难易程度；智慧管理则可以实现教育的精细化管理，提升教育的整体效率。

在这次革命中，我们可以预见的不仅是教与学方式的改变，更是对教育目标的重新思考和定位。在未来，教育将更加注重培养学生的创新思维和问题解决能力，而不仅仅是传统的知识传递。对于职业教育来说，这次革命将可能使其从专业技能的培训转变为综合能力的培养，以更好地满足社会的需求。

（一）教育内容的调整

职业教育具有四大特性：面向全民的终身教育、对接市场的就业教育、着重技能的实践教育、适应社会需求的跨界教育。数字化，作为当前社会进步的关键因素，对于职业教育有着重大影响。数字化不仅改变了教育的形式，也改变了教育的内容，使之能够满足大规模、个性化的技术技能人才培养需求。

有研究预测，在未来二三十年，人工智能将取代许多职位，特别是那些重复性和标准化的工作。这一现象反映了技术的进步和自动化程度的提高。但同时，数字经济的发展也将创造出大量新的职业岗位。这些新的职位将需要更高的技术技能，更丰富的创新思维，以及更强的适应能力。

传统的职业教育，主要关注简单的操作技能的培养，这在当今快速发展的社会中，已经难以满足社会对于人才的需求。在数字化的推动下，职业教育必须及时更新教育内容，以适应社会发展的需求。

在这个过程中，个性化的多元智能开发成为一项重要的教育目标。这一目标不仅要求学生掌握必要的专业知识，也要求他们具备创新思维和解决问题的能力。此外，面对人工智能的发展，我们也必须注重培养学生的人机协作能力。因为在未来的工作中，人和机器的合作将会越来越普遍。职业教育的目标就是培养出能够适应这种新的工作环境，与机器高效协作的人才。

（二）学习方式的变革

在人工智能的推动下，学习的个性化需求日益凸显。学生们可以在更为宽广的学习领域中挑选自己感兴趣的内容，学校不再是唯一的知识获取和分享的场所。信息技术开始充当重要的中介角色，使得学习的方式和方法出现了重大的结构性改变，实现了大规模个性化学习的可能性。

特别是在数字经济的背景下，科学数字内容的创造和传播得到了全面的支持。这种趋势使得传统的学校功能开始发生解构，学习的方式和形式更加多元化。新冠疫情以来，海量的优质教育资源通过互联网技术得以开发和存储，不断冲击实体学校的形态和功能，同时也吸纳了大量的社会学习者，引领学习方式的改变。

在这个大背景下，一种新的教育模式开始形成，它以“云课程 + 智能技术 + 虚拟现实”为主要特点，将根本性地改变早在 20 世纪初由巴甫洛夫等提出的“训练—知识检验—训练”的传统教育模式。在这个新的教育模式下，学习的方式将更加个性化，更加以学生为中心，更加注重创新和实践。学生不仅可以自主选择学习的内容和方式，还可以利用各种技术手段，实现自我探索和自我发展。而教师的角色也将从传统的知识传递者转变为学习的引导者和学生的学习伙伴。这些改变不仅推动教育的发展，也将改变人们对教育的理解，为建立更为开放、包容、个性化和创新的教育体系提供了新的可能性。

（三）教师角色的转变

在职业教育的发展历程中，从传统学徒制过渡到学校职业教育，进而形成现代学徒制。然而，教师和学生的角色分工在这个过程中并未发生本质改变。随着数字化时代的到来，学习资源的跨界重组、学校功能和教师功能的解构，以及学习的组织管理方式的重大调整，都给教育带来了全新的挑战。

首先，如何根据学生的学习薄弱环节提供定制化的课程服务成为一大挑战。在传统教育模式中，课程内容和教学方法通常是固定的，不易于根据每个学生的特点和需求进行个性化调整。但在数字化时代，利用大数据、人工智能等技术，可以对每个学生的学习情况进行详细的分析和评估，然后提供符合其需求和特点的个性化教学。

其次，如何在管好校内教学的基础上，再管好校外实习，这是另一个挑战。实习是职业教育的重要部分，有助于学生将所学知识与实际工作情境结合起来。然而，实习的管理和评估往往比较复杂，需要教师有更高的管理能力和专业素养。

再次，如何引进新技术、新工艺、新规范，为企业提供定制化的人才培养，这也是当前职业院校面临的一大挑战。在数字化时代，技术的更新迭代速度加快，职业教育需要与时俱进，及时引入新的教学内容和方法，以培养适应时代需求的高素质人才。

这些挑战不仅是职业院校面临的，也是每一位职业教育教师要面对的。数字时代正在重新定义教师的角色。可以预见，未来的教师不仅仅是知识的传授者，他们将成为学习的组织者和启发者，培养学生核心素养和关键能力的引导者，以及在学生人际交往中的重要参与者。在数字化教育时代，教师的角色将更加丰富和多元，也将对他们的专业素养和综合能力提出更高的要求。

（四）教育评价的进阶

随着教育数字化转型的深入进行，尤其是人工智能技术的应用，我们对学生的评估方式也正在经历重大的变革。其中，人工智能为学生的考试和评价提供客观量化的证据，从而帮助我们更加全面、公正、精确地评价学生的学习成绩和能力发展。

在数字化转型之前，学生的评价往往主要依赖于学业成绩，这种单一的评价方式无法全面反映学生的实际能力和潜力。但在数字化转型后，我们可以对学生的综合素质进行更加全面的评价，包括学术能力、创新能力、团队合作能力、社会实践能力等多个方面。更重要的是，数字化评价体系更加注重学生的发展性评价。这种评价方式不是简单地比较学生和他人的成绩，而是通过大数据分析，深入探索学生的学习过程和自我发展情况。学生可以根据这种评价方式，比较自己在不同时间段的学习情况，了解自己的长处和短处，进而制定出更有效的学习计划和方法。在此基础上，学校可以根据每个学生的特点和需要，为他们制订更加个性化的培养方案，提供更加精准的课程和学习内容。这种教学方式不仅能提高学生的学习兴趣和动力，还能帮助学生更好地发挥自己的潜力，提高学习效果。

在评价方式上，数字化转型更加注重客观性，通过人工智能技术，减少人为因素的干扰。学生的学习情况和评价结果可以通过网络平台直接反馈给学生和家长，使他们能够及时了解学生的学习情况，为后期的学习计划提供有力的支持。

教育的数字化转型将使教学评价方式更加公正、精确和高效，有助于实现教学的个性化和精细化，提升教育质量。同时，它也为教师和学生之间建立更加紧密、平等的互动关系，进一步促进教育的创新和发展。

（五）治理方式的改变

在新一代信息技术的广泛应用下，信息获取并转化为有价值的能力已经成为推动社会可持续发展的关键力量。这个趋势对于教育领域尤为重要，它正在悄然改变教育组织结构和教育治理模式，从而对职业院校的管理方式提出了全新的挑战和要求。新的信息技术使得教育的开放度大幅提升，社会大众对于学校管理的参与程度也在增加。教育的权力结构正经历一场重大转变，传统的以教师、学校为主导的模式正在逐渐向以学生为中心的模式转移，这对于职业院校来说，意味着更加注重学生的需求，提供更为个性化的教育服务。教育治理权力也从政府逐渐向社会分布。这意味着职业院校需要更加主动地参与社区和社会的活动，与各方合作伙伴建立紧密的联系，推动教育的社区化和全民化。

与此同时，信息化正在改变学校的组织结构和管理体制，推动教育治理向数字化、智能化和整体性方向发展。传统的等级式组织结构正在被扁平化、网格化和专业化的新型结构取代，这无疑给职业院校的管理带来了挑战，同时也为改革和创新提供了机遇。面对这些变化，职业院校需要加快推进学校管理的自动化、快捷化、透明化、个性化和智能化，让教育更加高效和公正。同时，职业院校还需要更加注重价值引导，即明确学校的教育理念和目标，鼓励全体成员共享价值，共同推动学校的发展。新一代信息技术的广泛应用，为教育的变革提供了巨大的机遇。职业院校需要积极适应这个趋势，推动教育的现代化，提高教育质量和效益。

参考文献

[1] 张茂林，何浩冉．智能化时代高等教育课程现代化：动因及路径[J]．信阳师范学院学报（哲学社会科学版），2021,041(006):67－73.

[2] 刘平辉，祝士明，梁裕，等．智能技术赋能未来课堂的系统方案及其推进路径[J]．现代教育技术，2021,031(012):20－26.

[3] 董文娟，黄尧．人工智能背景下职业教育变革及模式建构[J]．中国电化教育，2019(7):8. DOI:10. 3969/j. issn. 1006－9860. 2019. 07.001.

[4] 李毅，向浩，周妮笛．产教融合背景下职业教育虚拟仿真资源体系构建研究[J]．职教通讯，2021,000(003):112－116.

[5] 教育部．教育部关于印发《职业教育专业目录（2021年）》的通知（教职成〔2021〕2号）[J]．中华人民共和国教育部公报，2021(6):42－130.

[6] 李国峰．智慧教育背景下数字化教育资源开发与应用研究[J]．河南科技学院学报（社会科学版），2020,40(4):5. DOI:CNKI:SUN:ZJXY.0.2020－04－003.

[7] 本刊记者．前瞻性布局专业体系——教育部全面修（制）订[J]．广东教育：职教，2021(4):4－6.

[8] 郑东晓，蒋熠．ChatGPT推动教育数字化转型[N]．中国社会科学报，2023－03－23(005).

[9] 刘晓．共同富裕进程下的职业教育高质量发展[N]．中国教育报，2022－09－27(05).

［10］教育部．职业教育与继续教育 2022 年工作要点［EB/OL］．(2022－03－25)［2022－09－29］．https://www.tech.net.cn/news/show－96044.html.

［11］姜大源．职业教育立法的跨界思考——基于德国经验的反思［J］．教育发展研究，2009(19):32－35.

［12］赵志群．职业教育学习新概念［M］．北京：北京师范大学出版社，2021:2－7.

［13］石伟平，林玥茹．新技术时代职业教育人才培养模式变革［J］．中国电化教育，2021(1):34－40.

［14］刘晓，刘铭心．数字化转型与劳动者技能培训：域外视野与现实镜鉴［J］．中国远程教育，2022(1):27－36.

［15］荆思凤，刘希未，宫晓燕，赵红霞．人工智能时代人力资本新需求与教育变革的关系研究［J］．华东师范大学学报（教育科学版），2022,40(9):10－18.

［16］朱敬恩，徐永．组织模式变迁的一个新研究框架——基于信息技术革命与高素质组织参与者对组织与环境关系的介入［J］．上海管理科学，2010(3):57－63.

［17］韩锡斌，杨成明，周潜，等．职业教育信息化发展报告（2021版）［EB/OL］．（2022－07－04）［2022－10－16］．https://mp.weixin.qq.com/s/CzkCKAh4_Stp1vBCnZYFlw.

［18］曾德麟，蔡家玮，欧阳桃花．数字化转型研究：整合框架与未来展望［J］．外国经济与管理，2021,43(5):63－76.

［19］李铭，韩锡斌，李梦，周潜．高等教育教学数字化转型的愿景、挑战与对策［J］．中国电化教育，2022(7):23－30.

［20］国务院．中共中央办公厅　国务院办公厅印发《关于推动现代职业教育高质量发展的意见》［EB/OL］．（2021－10－12）［2022－10－

16]. http://www.gov.cn/zhengce/2021-10/12/content_5642120.htm.

[21] 陈子季. 依托数字化重塑职业教育新生态[N]. 中国教育报, 2022-06-06(04).

[22] 朱德全, 熊晴. 数字化转型如何重塑职业教育新生态 [J]. 现代远程教育研究, 2022,34(4):12-20.

[23] 潘海生, 李阳. 从管理到治理: 我国职业教育治理的变迁逻辑与未来走向[J]. 高等工程教育研究, 2022(5):128-132,138.

[24] 韩锡斌, 陈明选. 互联网+教育: 迈向职业教育现代化的必由之路——《国家职业教育改革实施方案》(职教20条) 学习启示[J]. 中国职业技术教育, 2019(16):27-31.

[25] 杨慷慨, 曹照洁. "互联网+"校企协同人才培养模式创新研究[J]. 中国职业技术教育, 2018(32):50-55,62.

[26] 李芒, 张华阳. 在教育数字化面前教师需坚定"主导自信"[J]. 人民教育, 2022(19):32-34.

[27] 赵志群, 黄慧婷. 职业教育数字化学习资源建设研究: 现状、问题及建议[J]. 中国教育信息化, 2022(8):10-17.

[28] 黄利文, 王健. 论人工智能时代职业教育的转型与创新[J]. 南京社会科学, 2020(10):142-148.